Impressum

1. Auflage 2024

© HÄRTER Verlag, D-72760 Reutlingen
www.haerterverlag.de | @haerterverlag.de
ISBN 978-3-942906-83-8

Konzept und Rezepte: Marie Dorfschmidt
Vorwort: Stina Spiegelberg
Fotografie und Foodstyling: Marie Dorfschmidt
Cover und Porträts: Marie Dorfschmidt, Nicola Link, Angela Ehmcke

Grafische Gestaltung und Layout:
Dimitrios Megas und Constantino Mertzanidis | ProDesign.Media

Dieses Konzept wurde im Rahmen des Creators Club entwickelt - einem innovativen Projekt von ProDesign.Media
ProDesign.Media | www.prodesign.media | info@prodesign.media
(+49) 7121 2606128

Lektorat: Kia und My., im Auftrag von Kia Kahawa | www.kiakahawa.de
Druck: Grafisches Centrum Cuno GmbH & Co. KG, Calbe

100% Made in Germany

Inhalt

Vorwort von Stina Spiegelberg

„Die besten Freunde sind die, mit denen Du Deine Leidenschaft teilen kannst."

Stina Spiegelberg ist Fernsehköchin, 10-fache Autorin, TOP100 Speakerin, Podcasterin und Gründerin der FEMschool

Als ich die wundervolle Marie vor vielen Jahren auf einem veganen Meetup kennen lernte, war ich wie gebannt: Ihre Energie ist einfach ansteckend. Und wenn wir gemeinsam in der Küche stehen, sind ein paar Dinge gesetzt: veganes Essen (natürlich), Bio-Lebensmittel und der Grundsatz „einfach machen". Denn Rezepte sind eine herzliche Einladung Neues auszuprobieren und Geschmack zu erleben, wie in diesem wundervollen Buch von Marie: FEEL GOOD BODY.

Ihre Liebe zum Detail drückt Marie in allem aus, was sie macht und scheut dabei keine Mühe. Ich erinnere mich an ihre Geburtstagsfeier, zu der sie den Garten in eine Picknick-Food-Landschaft verwandelt hat. Mit Girlanden und Lampions im Baum und einem Schlemmer-Büffet wie aus 1001 Nacht. Das reine Pinterest-Paradies, so wunderschön.

Fun Fact über Marie: Ich kenne niemanden, die wie sie bereit ist bis zur letzten Sekunde ALLES über den Haufen zu werfen, wenn es dafür besser wird. Ihre Freude am Ausprobieren ist ansteckend und genau das, was sie anders und ständig besser macht. Als Mensch, als Köchin und nun auch als Buchautorin.

Ich kann nicht fassen, dass das hier dein erstes Kochbuch ist, liebe Marie!

Und dabei ist es in meinen Augen nicht einfach ein Kochbuch. Dieses wundervolle Buch ist ein Statement: Essen ist mehr als nur die Summe der Zutaten.
Essen ist deine Chance, dir im Leben das zu holen, wovon du dir mehr wünschst – deine Chance täglich Kraft zu tanken.
Ich bin so dankbar für dieses Buch, weil es zwei Dinge so wundervoll zeigt.
Das Ziel ist nicht einem Ideal zu entsprechen, sondern dich selbst wohlzufühlen. Und Ernährung kann einen ganz entscheidenden Beitrag dazu leisten, dich in deiner Haut gesund und glücklich zu fühlen. Ein Gefühl, das ich jedem von uns wünsche.

Mit FEEL GOOD BODY geht es nicht ums Abnehmen, sondern darum, deinem Körper Kraft zu schenken, deinen Fokus auf dich zu setzen und dir wieder Raum im Leben zu schenken für die Dinge, die dir selbst wichtig sind. Das Buch ist ein Geschenk an dich selbst. Die Rezepte deine täglichen Begleiter. Lass dich inspirieren, motivieren und vor allem: genieße jeden einzelnen Bissen.

Deine Stina

Über Stina Spiegelberg

Die als Koryphäe der veganen Küche bekannte Autorin co-gründete Deutschlands erstes Institut für die vegane Ernährung, das Plant Based Institute. Seit 13 Jahren versteht sie sich als Bindeglied zwischen Verbrauchern und Herstellern auf dem Weg zu einer nachhaltigen Welt.

Als Mitbegründerin der veganen Szene erhielt sie den Progress-Award von PeTA und wurde durch eine Auszeichnung der UNESCO geehrt. 2020 gründete sie die FEMschool, um Frauen Klarheit in Selbstständigkeit und Unternehmertum zu schenken.

Als Mama mit 2 Unternehmen (Veganpassion + FEMschool) lebt Stina die 3,5-Tage-Woche.

Ihr Motto: Vertraue Dir selbst.

Instagram
@stinaspiegelberg
@femschool

Homepage
www.stinaspiegelberg.com
www.FEMschool.de

Aktuelle Erscheinungen

Vegan Backen mit Stina Spiegelberg: 978-3955751371, Ventil Verlag

Vegan Kochen mit Stina Spiegelberg: 978-3955751906, Ventil Verlag

Hey, It's Marie!

Ich bin Marie - professionelle Fotografin, vegane Foodbloggerin, Ernährungsberaterin in Ausbildung und Mama von zwei Kindern. Nach meiner zweiten Schwangerschaft hatte ich 44 kg mehr gewogen als zuvor (!!!). Und ich habe nach einer einfachen, langfristigen und vor allem gesunden Lösung gesucht, um mich wieder gut in meinem Körper zu fühlen.
Dem FEEL GOOD BODY.
Dabei habe ich einige Selbstversuche gestartet. Vor allem im Bereich Ernährung und Sport und geschaut, was wirklich funktioniert. Wann und womit stellt sich ein gutes Körpergefühl ein? Was macht es aus und wie kannst DU das erreichen?
Genau deshalb habe ich dieses Buch geschrieben.

Dein zweiwöchiger Body-Reset!
Weil es mir wichtig ist, dass es auch dir gut geht. Es gibt bestimmt viele Wege, wie du deinen FEEL GOOD BODY erreichen kannst. Das hier ist auf jeden Fall einer davon und ich finde es wunderschön, dass sich unsere Wege auf diese Art und Weise gekreuzt haben.

Bist du bereit für das Abenteuer?
Vierzehn Jahre lang hatte ich einen unglaublichen Struggle mit meinem Körper. Ich habe mich sehr unwohl gefühlt, keine passenden Klamotten gefunden. Ich wollte nicht von anderen und schon gar nicht von mir selbst gesehen werden. Fotografiert werden wollte ich nicht und Fotos von mir selbst hatte ich gehasst. Mein Spiegelbild hat nie gezeigt, was ich sehen wollte. Ich wusste auch nicht so recht, wie oder was ich hätte ändern können und darüber zu reden war mir unglaublich peinlich.
Mit 12 kam mir zum ersten Mal der Gedanke, dass ich abnehmen will. Dass ich mich unglücklich in meiner Haut fühle und da was machen möchte. Zusätzlich wurde ich von meinen Mitschülern gehänselt und blieb sitzen, weil meine emotionale Belastung enorm hoch war. All das habe ich mit mir alleine ausgemacht und mit niemandem darüber gesprochen.
Ich steckte in einer Sackgasse. Egal was ich unternahm, es half nicht. Oder es half nicht schnell genug.
Ich wollte einfach nur akzeptiert werden. Doch mein Körper stand mir im Weg.
In meinen Teenagerjahren probierte ich also immer wieder verschiedenste Diäten - ohne Erfolg. Mit 18 beschloss ich dann kurzerhand, einfach nur noch ganz wenig zu essen und extrem viel joggen zu

gehen. An meinem 20. wog ich zum ersten Mal 60 Kilo (bei einer Größe von 1,73!).

3 Wochen später wurde ich schwanger. Ich nahm, oh Wunder, 33 Kilo zu. Und war nach der Geburt also schon wieder (!) mit Abnehmen beschäftigt.
Kurz darauf war ich mit meinem zweiten Kind schwanger und plötzlich ploppen da 98 Kilo auf der Waage auf!! Juhuu - ach nee - das war schon ganz schön mies ...

Was nun? Erst mal standen meine Kleinen im Vordergrund und ich pendelte zwischen Schwangerschaftsgymnastik und Mutter-Kind-Turnen hin und her. Später begann ich mit Zumba und irgendwann war es nicht mehr anstrengend, eine Stunde am Stück zu tanzen.
Doch ich war noch immer extrem unzufrieden und WUSSTE, dass ich etwas ändern wollte - dass sich etwas ändern MUSSTE. Immer wieder sickerte das in meinem Alltag durch, bis es laut genug geworden war. Und das war der Startschuss. Der Startschuss für eine ganz schön abenteuerliche Reise.
Plötzlich war dieses Zitat in meinem Kopf ... und lautete in etwa so:

„In einem Jahr wünschst du dir, du hättest HEUTE angefangen."

BOOM! Das hatte eingeschlagen wie eine Bombe. Es war so glasklar in meinem Kopf, wie nie zuvor. ICH MUSS EINFACH ANFANGEN!

Meine Denkweise über Ernährung fing an, sich zu verändern, und nebenher entdeckte ich meine Leidenschaft für Bewegung. Zum ersten Mal machte es mir so richtig Spaß, mich zu bewegen. Ganz nebenbei lernte ich dann noch, was es mit den Lebensmitteln auf sich hatte und ein Bewusstsein auf einem neuen Level zu entwickeln. Das war einfach verrückt!

Lebensmittel sind Nahrungsmittel. Und Nahrungsmittel sollen dich er-NÄHREN. Wichtig ist es, zu verstehen, wo versteckte und unnötige Kalorien enthalten sind und vor allem welche Lebensmittel dir beim Abnehmen helfen.

Mach dir keine Sorgen. Am Ende des Tages zählen wir keine Kalorien, nur um zu wissen, dass wir es schon wieder nicht geschafft haben. Wir gehen tiefer in das Verstehen von Nährwertdichte und dem Grundgedanken von Nahrung selbst.

Dieses Wissen darf dich dein ganzes Leben begleiten. Ich lege dir hiermit die Grundpfeiler in die Hände, welche auch mich zu meinem FEEL GOOD BODY gebracht haben.
Es ist nicht nur ein Leitfaden, sondern ein komplettes Mindset. Ein Mindset für DEIN neues Leben mit DEINEM FEEL GOOD BODY.

Was für mich damals eine lange Reise von 14 Jahren war, gebe ich dir innerhalb von zwei Wochen mit auf den Weg. Denn ich finde, du hast dieses krasse Körpergefühl mehr als verdient.
Du bist eine wundervolle Seele und ich werde dich begleiten.

Wir rocken das!

Bist du bereit für DEINEN FEEL GOOD BODY? Los geht's!

Let's not label!

Kein Label und kein Schubladendenken - das gilt für alle Lebensbereiche und ganz besonders bei der Ernährung. Jeder Körper ist anders, so ein bisschen wie bei Autos. Jedes fährt anders, hat einen anderen Verbrauch und kommt in allen Formen und Größen vor. Aber ein paar Fakten und Daten gelten für alle. Also auch für dich.

Hast du dir deinen Körper mal wie ein Auto vorgestellt? Du betankst es, du lädst die Akkus auf, und wenn etwas kaputt ist, lässt du es reparieren. So weit hergeholt ist der Vergleich nicht.
Wie gut kümmerst du dich um deinen Körper? Um dich und die Hülle, die du dein persönliches Zuhause nennen darfst? Alle Antworten sind erlaubt und ich helfe dir, ab sofort das Maximale aus dem Ganzen für dich herauszuholen.

Machen wir uns nichts vor: Dein Körper braucht die richtige Nahrung und nicht nur etwas, das den Magen füllt. Er braucht Lebensmittel. Mittel, die ihn LEBEN lassen. Keine Energie rauben, sondern GEBEN.

Deswegen lassen wir die drei folgenden Dinge für die nächsten zwei Wochen komplett weg:

1. Hochverarbeitete Lebensmittel (z. B. Produkte mit viel Zucker, Geschmacksverstärker, Konservierungsmittel)
2. tierische Produkte
3. weißer Weizen

Im Februar 2017 habe ich nämlich genau das getestet. Keine verarbeiteten Lebensmittel mehr. Kein Industriezucker und keine tierischen Produkte. Klingt verrückt - oder nicht? Aber das Ergebnis dieses Tests war so lebensverändernd, dass du nun in diesem Moment liest, was du liest.

Ich erkläre es dir: Dein Körper ist ein biologischer Verbrennungsmotor. Es gibt genug Werbelügen, persönliche Gelüste und Gewohnheiten, die zwischen dir und deinem FEEL GOOD BODY stehen. Das können auch persönliche Saboteure oder falsche Überzeugungen sein. Aber so tief brauchen wir darauf nicht eingehen.

Meiner Meinung nach stellt sich durch diese Punkte ein geniales Körpergefühl ein:

- Gib deinem Körper Lebensmittel, die ihn während der Verdauung möglichst wenig belasten.
- Iss viel buntes Gemüse und ausreichend Proteine.
- Achte auf komplexe Kohlenhydrate.

Und so wirst du am Ende dieser zwei Wochen ein geniales Körpergefühl haben und mit deinem FEEL GOOD BODY viel leichter und effektiver dein Leben leben.

Klingt umständlich? Keine Sorge - ich habe alles vorbereitet. Für dich und deinen neuen Schritt, der hier und jetzt beginnt. Traust du dich?

Warum Kalorienzählen nichts bringt - oder doch?

Kalorien sind doch diese kleinen Tierchen, die nachts die Hosen enger nähen? - Nun ja, könnte man meinen ...

Jedes Lebensmittel hat Kalorien. Kalorien sind an und für sich nichts Schlechtes. Werden aber in der heutigen Gesellschaft eher in die „Hate-Ecke" gestellt. Zudem gaukeln viele Werbeträger und Fitnessgurus vor, dass Kalorien ganz schön böse sind.
Sind sie natürlich nicht! Und deshalb wird jetzt aufgeräumt:

Hilka de Groot definiert es in ihrem Buch „Ernährungswissenschaft" wie folgt:
„Eine Kilokalorie ist definiert als die Energiemenge, die benötigt wird, um 1 Liter von 14,5 auf 15,5 °C zu erwärmen."

Klingt erst einmal nicht böse, oder?
Weiter kannst du auf der Website vom Institut für Qualität und Wirtschaftlichkeit im Gesundheitswesen nachlesen (www.gesundheitsinformation.de):
„Die Energie in Lebensmitteln wird auch als Brennwert bezeichnet und in den Einheiten Kalorie oder Joule gemessen. Wenn umgangssprachlich von Kalorien oder Joule die Rede ist, sind damit eigentlich Kilokalorien (1000 Kalorien) oder Kilojoule (1000 Joule) gemeint. Kilokalorien werden mit kcal und Kilojoule mit kJ abgekürzt."

Und genau hier lassen wir die trockenen Fakten Fakten sein und stellen klar: Kalorien sind eine Maßeinheit. Ich gebe dir konkrete Definitionen, damit wir es einmal komplett klarstellen können.
Der Körper benötigt Kalorien. In gewisser Dichte. Was heißt das?

Je nach Körpergröße und Fitness verbraucht ein Körper im Schnitt zwischen 1800 bis 2000 Kalorien pro Tag.

(Quelle: www.foodspring.de)

Nehmen wir einmal Lisa. Lisa ist 33 Jahre alt, hat einen Bürojob, zwei kleine Kinder und eine moderate Bewegung im Alltag. Sie hat einen durchschnittlichen Tagesbedarf von 1800 Kalorien. Würden wir jetzt Kalorien zählen und NUR Kalorien zählen, könnten wir ihren Tagesbedarf auch in Donuts decken.

Oder in Schokolade:

Warum Kalorien zählen nichts brlngt – oder doch?

Oder in Doppelkeksen:

Damit hätte sie ihren Tagesbedarf erfüllt. Aber wäre sie auch ernährt?
Du siehst, wir kommen der Sache schon näher, oder nicht?
Lass mich dir was zeigen – das hier sind 100 Kilokalorien:

Fällt dir etwas auf?
Die Masse unterscheidet sich enorm. Das liegt an der Energiedichte. Je mehr Energie in kleiner Masse vorhanden ist, desto schlechter ist das Lebensmittel zum Abnehmen geeignet. Denn durch die geringe Masse wird dem Magen nicht signalisiert, dass er ein „Sättigungsgefühl" einleiten soll. Der Magen ist schließlich noch fast leer. Nach einem Donut bin ich auch nicht wirklich satt.
Wenn Lisa also ihren Tagesbedarf in Salat und Gemüse essen würde, wäre es genau das Gegenteil. Ihr Magen wäre voll, bevor ihr Tagesbedarf auch nur annähernd erreicht wäre. Beispielsweise könnte sie 20 Portionen vom Brokkoli oder 26 Gurken essen.

350 g Brokkoli haben 100 kcal

6 Fruchtgummis haben 100 kcal

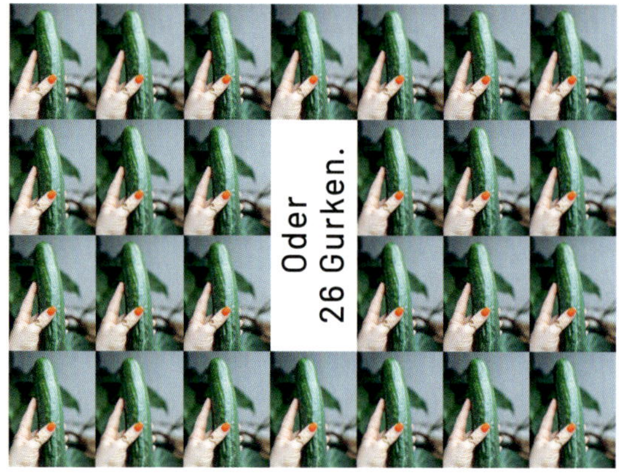

Warum Kaiorien zählen nichts bringt – oder doch?

Was heißt das für dich?
Im Umkehrschluss heißt das für dich, dass es Lebensmittel gibt, von denen du viel essen darfst. Ganz schön viel sogar. Und Lebensmittel, von denen man eher weniger essen sollte. Kein Verzicht also.

Zudem gibt es auch Lebensmittel mit einer hohen Energiedichte, die sogar satt machen.
Stell dir vor, du kaufst dir eine Packung 99-Cent-Kekse beim Discounter und isst sie. Wie lange bist du satt?

Wenn du jetzt aber Energiebällchen aus Datteln, Nüssen und Kakao selber machst, haben wir zwar unter Umständen die gleiche Energiedichte (bei beiden sehr hoch). Aber die Energiebällchen sättigen mehr und halten dich länger satt.

Warum halten sie länger satt?
Nun ... Kohlenhydrate, Proteine und Fette ergeben zusammen die Kaloriendichte eines Lebensmittels. Und die können sehr unterschiedlich aufgebaut sein. Ein Zuckerkristall z. B. besteht aus einer einfachen Kette an Molekülen, wohingegen unverarbeitete Lebensmittel tendenziell aus langkettigen Verbindungen bestehen. Wie Kettenteile, die sich alle an der Hand halten und so verbunden sind.

Bei hoch verarbeitetem Essen sind das sehr kurze Ketten. Also wenige Teile, die Händchen halten. Das hat dein Körper in null-Komma-nix aufgespalten und will MEHR - hat also Hunger.
Klassisches Beispiel hierfür sind Weißbrot, Süßgebäck vom Bäcker, Fertigprodukte.

Hast du aber Lebensmittel wie Energiebällchen mit hoher Energiedichte selbst gemacht und die Zutaten sind wenig verarbeitet, machen diese deshalb grundsätzlich länger satt.

MERKE

- Um so mehr Arbeitsschritte in einem Produkt stecken, bis du es isst, umso ungesünder ist es tendenziell.
- Um so unverarbeiteter Lebensmittel vor dem Verzehr sind, desto mehr Arbeit muss dein Körper leisten = du bleibst länger satt.
- Gemüse und Obst kannst du so viel essen wie du willst.
- Bei abgepackten Süßigkeiten und Fertig-Backwaren solltest du weniger essen.
- Mache dir doch lieber deine eigenen süßen, gesünderen Snacks.

Ab in zwei tolle Wochen

Bevor du startest, solltest du dir Zeit nehmen, um all deine Zutaten einzukaufen und ein paar Dinge vorzubereiten.
Auch ein Blick über die Rezepte der ersten Woche lohnt sich: Am Anfang eines Tages findest du hin und wieder Anmerkungen. Denn manchmal gibt es einen Schritt, der am Vorabend zubereitet werden muss, oder einen Hinweis für den Tag danach.

Alle Rezepte sind komplett vegan. Es gibt immer eine glutenfreie Alternative oder das Rezept ist von Anfang an glutenfrei.
Ich habe darauf geachtet, dass alle Rezepte so einfach und effektiv wie nur möglich gestaltet sind. Auch viele Grundzutaten wiederholen sich, damit du keine ausgefallenen Zutaten einkaufen musst, die du vielleicht nie wieder benötigen solltest. Denn ich schätze deine Zeit und weiß, wie hektisch ein Alltag sein kann.

Alle Gerichte lassen sich auch gut vorbereiten und mitnehmen.
Solltest du einmal Freunde zu Besuch haben und bekochen wollen, kannst du einfach eine vielfache Menge des Rezeptes für alle kochen. Oder du überspringst eine Mahlzeit, wenn du einmal auswärts essen möchtest.

Ganz wichtig ist: Essen soll Spaß machen. Es soll keine Limitierung oder Verbote geben, denn diese triggern mental nur die falschen Dinge. Es ist aber auch wichtig, dass eines klar sein sollte: Die Lebensmittel, die du zu dir nimmst, sollen deinen Körper ernähren.

Sie sind der Treibstoff, der ihn antreibt. Wie bei einem Auto - wir können keine Cola in ein Auto kippen und erwarten, dass es fährt. Nun ist es aber so, dass wir weitaus mehr Treibstoffmöglichkeiten haben als ein Auto. Und es ist auch nicht dermaßen schlimm, wenn man mal etwas isst, das keinen nährenden Mehrwert für den Körper hat.

Hier gehe ich immer nach der 80/20 Regel: Wenn 80 % meiner Ernährung gesund, gemüsereich und nahrhaft für meinen Körper sind, dann können 20 % auch weniger gut sein. Ich trinke zwar trotzdem keine Cola, gönne mir aber ab und an andere Dinge, wie zum Beispiel eine vegane Zimtschnecke oder eine Portion Pommes. Wichtig ist (wie bei allem im Leben) das Verhältnis.

Als Faustregel gilt hier: Je weniger Arbeitsschritte in einem Lebensmittel bzw. einer Mahlzeit stecken, desto gesünder ist es für dich.

Pflückst du einen Apfel vom Baum und isst ihn direkt, so ist das ein Arbeitsschritt. Somit könnte man davon ausgehen, dass der Apfel eher gesund ist. Das Gleiche gilt allgemein für Obst und Gemüse, das unverarbeitet gegessen wird.

Gegenbeispiel wäre eine Apfeltasche. Versuche dir einmal vorzustellen, wie viele Schritte notwendig sind, um das fertige Produkt herzustellen.

DESHALB kochen wir jetzt einmal selbst. Ich hab´s ganz einfach gehalten. Ohne viel Schnickschnack, aber 100% Genuss.

Es gibt 2 Einkaufslisten. Die erste ist etwas umfangreicher, da wir alle Lebensmittel, die länger halten, in einem Rutsch einkaufen werden.

Am besten eignet sich der Samstag für den Einkauf, der Sonntag für einen kurzen Meal Prep und du bist ready für die Woche. Sollten irgendwelche Fragen offenbleiben oder Unverträglichkeiten für ein Rezept bestehen, kannst du mir jederzeit eine Nachricht an FGB@therawberry.de schreiben.

LET'S GO!
Deine Marie

Bildverzeichnis | Woche 1

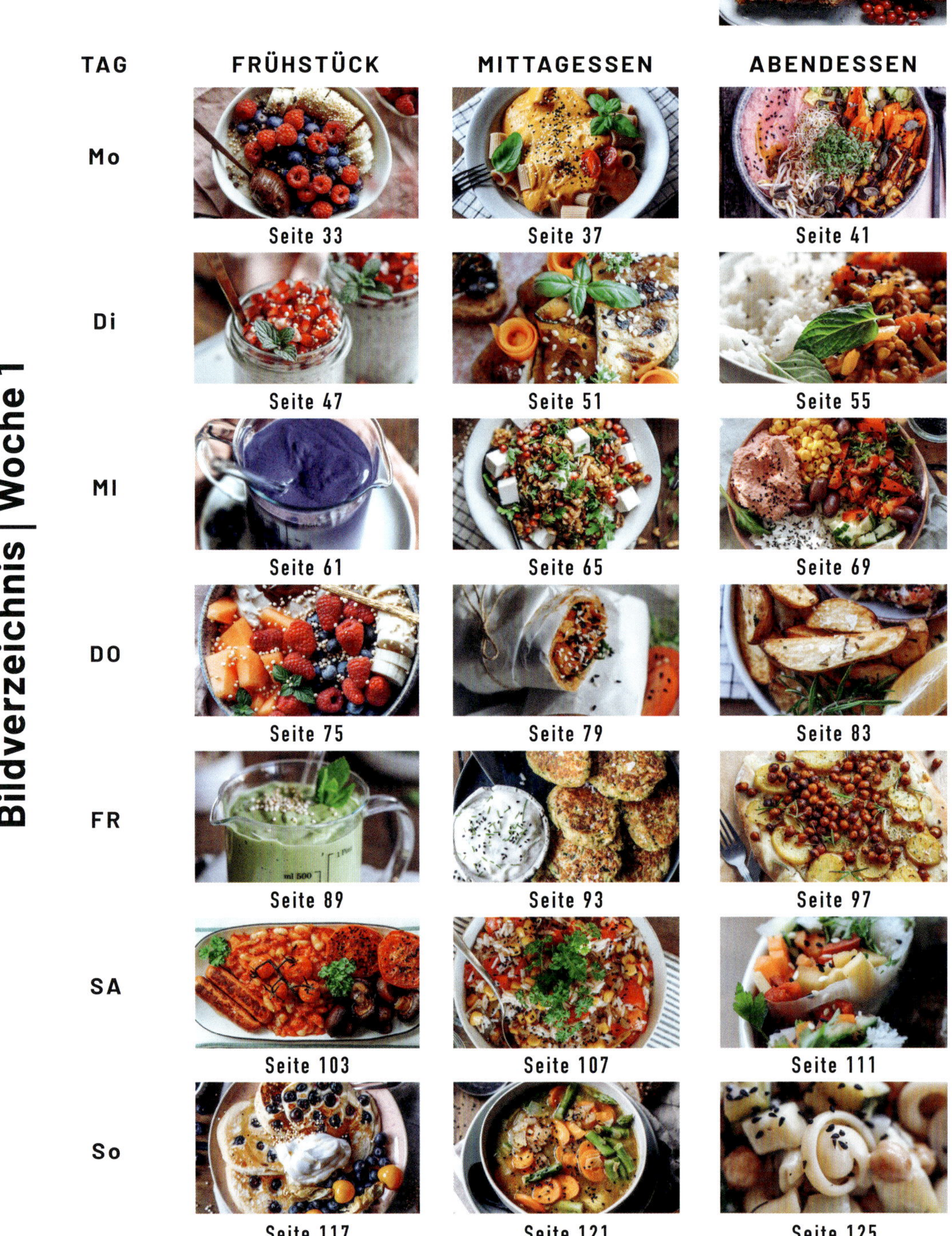

Bildverzeichnis | Woche 2

WOCHE 1

Hier kannst du deine Einkaufsliste für Woche 1 downloaden.

Frisches Gemüse und Obst

1 Aubergine
2 Avocados
Aufbewahrungstipp: Fülle ein großes Glas mit Wasser und gib die Avocado hinein, sodass sie vom Wasser umschlossen ist. So hält sie bis zu 7 Tage im Kühlschrank.
5 Bananen
ca. 300 g Blaubeeren
½ Cantaloupe-Melone
6 Champignons
3 Handvoll frischer Babyspinat
Aufbewahrungstipp: Spinat abspülen, kurz schleudern und in feuchtem Küchentuch im Kühlschrank aufbewahren
½ Fenchel
2 kleine Granatäpfel
1 Gurke
1 Handvoll Himbeeren
1 cm Ingwer
6 kleine Karotten
9 Kartoffeln
4 Knoblauchzehen
1 kleine, reife Mango
2 rote Paprika
3 Handvoll Petersilie (oder Koriander)
½ Romanasalat
1 Stängel Rosmarin (oder getrocknet)
1 Rote Bete klein, roh
3 Stangen Spargel (alternativ, je nach Saison, eine kleine Zucchini)
Sprossen/Kresse nach Wahl
4 mittelgroße Tomaten
1 Zitrone
4 Zucchini (*Tipp:* eine Zucchini kannst du durch drei Stangen Spargel ersetzen, falls der gerade Saison hat)
5 kleine Zwiebeln

Käse, Quark und frische Produkte

ca. 375 g Pflanzenjoghurt
ca. 16 schwarze Oliven, entsteint
2 vegane Würstchen (*Tipp:* den Rest kannst du einfrieren und später genießen)
1 Block veganer Feta
2 EL + 100 g veganer Frischkäse Natur
250 g veganer Quark

Trockene Zutaten

2 TL Backpulver
300 g Braune Reisnudeln oder Nudeln nach Wahl
5 EL Chia-Samen
3 Datteln entsteint
425 g Dinkelmehl (Typ 630) oder glutenfreies Universalmehl
2 EL + 1 TL Gemüsebrühepulver
ca. 180 g Haferflocken
ca. 25 g Hefeflocken
6 EL Kokosraspeln
½ TL Kreuzkümmel, gemahlen
2 TL Kurkumapulver
½ TL Natron
1 EL + 2 TL Paprikapulver, edelsüß
Pfeffer (Vorrat)
1 Tasse + ¼ Tasse Reis (150 g)
125 g Reisnudeln
5 Reispapier, rund
½ Tasse rote Linsen (115 g)
Salz (Vorrat)
½ Pck. Trockenhefe oder 20 g frische Hefe
Zimt, gemahlen (Vorrat)

Brot

4 Scheiben Toastbrot (direkt zu Beginn das Toastbrot einfrieren – du brauchst es auch für die zweite Woche)
2 Vollkorn-Wraps

Optional:

Chiliflocken
2 Datteln
Frischer Koriander
Gepuffter Amaranth
1 Handvoll Beeren nach Wahl
Kakaonibs
2 EL Kapern
1 EL Kürbiskerne
1 EL Schokoaufstrich
1 TL Schwarzkümmel
2 TL Sesam
2 EL + 30 g veganes Proteinpulver (geschmacksneutral)

Pflanzendrinks, Konserven, Nüsse, Muse, Öl & Co.

1 Flasche Ahornsirup (250 ml)
1 EL Balsamico-Essig
½ Dose weiße Bohnen
80 g Cashewnüsse
5 EL Erdnussbutter, cremig
3 Essiggurken
1,125 l Haferdrink oder anderer Drink
7 EL heller Essig
2,5 Dosen Kichererbsen (je 420 g)
ca. 55 g Kokosöl
6 EL Mais
1 EL Nussmus nach Wahl
1 Flasche Olivenöl (mind. 500 ml)
3 EL Sojasoße | Asiasoße
5 EL Tahin (Sesammus)
2 Dosen stückige Tomaten
1 EL Tomatenmark
150 g Walnüsse
1 kleine Flasche Zitronensaft

TK-Zutaten

150 g Blaubeeren

FEEL GOOD BODY

DID SOMEONE SAY SNACKS?

Das luftigste Bananenbrot

Mein liebstes Bananenbrot kannst du direkt als Meal Prep machen und die Woche über davon snacken. Es lässt sich super überall hin nehmen und hält sich auch die ganze Woche im Kühlschrank. Du kannst es auch auftoasten oder in der Pfanne kurz erwärmen, bevor du es genießt. Dann schmeckt es nochmal um so vieles besser!

Mein Bananenbrot-Rezept ist normalerweise doppelt so groß. Aber für eine Woche und eine Person reicht die Hälfte vollkommen aus. Falls etwas übrig bleiben sollte, kannst du auch ein paar Scheiben an deine Liebsten verschenken oder ganz einfach einfrieren.

HONEY

ZUTATEN

100 g Mehl (ich verwende immer Dinkel 630) - alternativ glutenfreies Universalmehl

½ TL Backpulver

½ TL Natron

½ TL Zimt

1 reife Banane

1 EL Apfelessig (oder weißer Essig nach Wahl)

70 g Ahornsirup

35 g Kokosöl

SNACK DER WOCHE
DAS LUFTIGSTE BANANENBROT

ZUBEREITUNG
30 MINUTEN

PORTIONEN
2

ZUBEREITUNG

1. Den Ofen auf 180 °C vorheizen.
2. Eine kleine Kastenform (15x10 cm), oder ein Muffinblech einfetten, beziehungsweise mit Förmchen auslegen. Falls du keine kleine Auflaufform haben solltest, eignet sich letzteres am besten.
3. In einer Schüssel das Mehl, das Backpulver, das Natron und den Zimt miteinander vermischen. Beiseitestellen.
4. Auf einem Teller die Banane mit dem Rücken einer Gabel gut zerdrücken. In eine neue Schüssel geben.
5. Den Apfelessig, den Ahornsirup und das Sonnenblumenöl hinzufügen und mit einem Schneebesen gut verquirlen.
6. Die nassen Zutaten über die trockenen geben und mit einem großen Löffel unterheben. Nicht zu stark verrühren, da das Bananenbrot sonst nicht mehr luftig, sondern fest wird.
7. In die Form, oder Förmchen verteilen und etwa 20 Minuten backen. Je nach große der Form kann dies variieren. Hierfür einfach die Stäbchenprobe machen.
8. Abkühlen lassen und in einer luftdichten Dose im Kühlschrank aufbewahren.

WAKE UP, EAT GOOD, LOOK HOT!

TAG 1

FRÜHSTÜCK

Nourishing Porridge

MITTAGESSEN

Braune Reisnudeln mit veganer Käsesoße

ABENDESSEN

Ofengemüse mit Rote-Bete-Hummus

Nourishing Porridge

Ein lieblicher und wärmender Porridge. So einfach, dass man ihn „back to basics" nennen könnte. Aber er schlägt mit überzeugendem Geschmack. Die Beeren und die Banane runden das Ganze perfekt ab und geben zusätzlich Vitamine für den besten Start in den Tag.

ZUTATEN

70 g Haferflocken

200 ml Pflanzendrink nach Wahl

1 EL Chia-Samen

1 Banane

1 Handvoll Blaubeeren

Schokoaufstrich nach Wahl

OPTIONAL

Himbeeren

Amaranth, gepufft

Kakaonibs

NOURISHING PORRIDGE

ZUBEREITUNG
5 MINUTEN

PORTIONEN
1

ZUBEREITUNG

1. In einen kleinen Topf die Haferflocken, die Chia-Samen und den Pflanzendrink geben. Das Ganze zum Kochen bringen und kurz reduziert köcheln lassen.

2. Den Porridge in eine Schüssel geben. Die Beeren waschen, die Banane schälen und schneiden.

3. Die Banane und die Beeren auf den Porridge geben. Einen Löffel Schokoaufstrich, sowie die Kakaonibs und gepuffter Amaranth darüber streuen.

MARIES TIPP

Für dieses Rezept habe ich Haferdrink verwendet.

Braune Reisnudeln mit veganer Käsesoße

Hast du je eine vegane Käsesoße probiert? In der Soße hat sich allerlei Gesundes versteckt und man würde auf den ersten Blick kaum meinen, dass es wie Käse schmeckt. Aber die Cashewnüsse gepaart mit Hefeflocken haben da einen anderen Plan im Kopf.

ZUTATEN

1 Kartoffel

½ Zwiebel

2 kleine Karotten / 1 große Karotte

etwa 250 ml Wasser

1 TL Gemüsebrühepulver

100 g braune Reisnudeln - oder Nudeln nach Wahl

1 Knoblauchzehe

2 EL Hefeflocken

1 EL Zitronensaft

1 EL Paprikapulver, edelsüß

1 TL Kurkumapulver

80 g Cashewnüsse

Salz und Pfeffer nach Geschmack

BRAUNE REISNUDELN MIT VEGANER KÄSESOSSE

ZUBEREITUNG
15 MINUTEN

PORTIONEN
1

ZUBEREITUNG

1. Einen Topf mit Wasser für die Nudeln aufsetzen.

2. Die Kartoffel und die Karotten waschen - sie müssen nicht geschält werden. Die Zwiebel schälen. Dann alles in grobe Stücke schneiden und in einem Topf knapp mit Wasser bedecken.

3. Das Gemüsebrühepulver hinzugeben und 12 Minuten köcheln lassen.

4. Die Nudeln ins kochende Wasser geben. Leicht salzen und nach Packungsanweisung kochen.

5. Das Gemüse samt Wasser in dem es gekocht wurde, in den Mixer geben. Die Knoblauchzehe, die Hefeflocken, den Zitronensaft, das Paprikapulver, das Kurkumapulver und die Cashewnüsse hinzugeben und gut mixen. Salz und Pfeffer nach Geschmack hinzugeben. Gerne kannst du die Soße auch mit Pflanzendrink strecken, falls es dir zu würzig ist oder du es gerne sämiger hast.

6. Die Soße über die Nudeln geben und gleich genießen.

Ofengemüse mit Rote-Bete-Hummus

All die Farben des Regenbogens vereint in einer Schüssel. Wenn es darum geht, mehr buntes Gemüse zu essen, sind Bowls der absolute Spitzenreiter. Sie vereinen alles super einfach. Diese Bowl nimmt ein bisschen mehr Zeit in Anspruch, aber dafür werden wir das Hummus noch öfter verwenden.

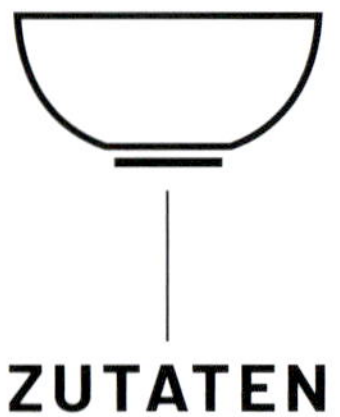

ZUTATEN

FÜR DAS OFENGEMÜSE

½ kleiner Romana-Salat

1 Aubergine

2 Zucchini

1 Karotte

1 rote Paprika

Öl und Salz

FÜR DAS HUMMUS

1 Dose Kichererbsen (420 g)

5 EL Tahin (Sesammus)

50 g Olivenöl

75 g Zitronensaft

2 Knoblauchzehen

1 kleine Rote Bete

TOPPING

Frische Sprossen/Kresse nach Wahl

OPTIONAL

1 EL Kürbiskerne

1 EL Kapern

MARIES TIPP

Um der Aubergine die Bitterstoffe zu entziehen, die feinen Sticks mit Salz bestreuen, ½ Stunde wirken lassen, mit Wasser kurz abspülen und abtupfen.

OFENGEMÜSE MIT ROTE-BETE-HUMMUS

ZUBEREITUNG
25 MINUTEN

PORTIONEN
2 (DA WIR FÜR DEN NÄCHSTEN TAG GLEICH MITKOCHEN)

ZUBEREITUNG

1. Den Ofen auf 250 °C vorheizen. Die Karotte und die Paprika waschen und in mundgerechte Stücke schneiden. Die Zucchini und die Aubergine in feine Sticks oder Scheiben schneiden.

2. Das Gemüse in eine Schüssel geben. Mit 2 EL Olivenöl und einer guten Prise Salz mittels eines Löffels unterheben und auf ein mit Backpapier ausgelegtes Backblech geben. Etwa 20 Minuten backen.

3. In der Zwischenzeit den Romana-Salat waschen, abtropfen und in mundgerechte Stücke schneiden. Beiseitestellen.

4. Die Kichererbsen abtropfen und in den Mixer geben. Wenn du keinen leistungsstarken Mixer hast, geht hier auch das Zerdrücken mit dem Gabelrücken. Solltest du so fortfahren, auch den Knoblauch und die Rote Bete sehr fein schneiden.

5. Ansonsten im Mixer die Kichererbsen mit dem Tahin, dem Olivenöl, dem Zitronensaft und dem Knoblauch zu einer Creme verarbeiten. Das Ganze muss nicht total sämig sein – so wie es dir am besten schmeckt.

6. Nun die Hälfte herausnehmen und in einem luftdichten Behälter im Kühlschrank parken.

7. Herzlichen Glückwunsch: Du hast soeben Hummus für ein Gericht vorbereitet!

8. Und wir machen direkt weiter, den verbliebenen Hummus von der klassischen Variante in ein Rote-Bete-Hummus zu verwandeln.

9. Hierfür nun die Rote Bete waschen, schälen, grob vorschneiden und unter den Hummus mixen.

10. Nun eine große Schüssel oder einen Teller zur Hand nehmen – es geht ans Anrichten.

11. Das Rote-Bete-Hummus, sowie den Salat darauf geben.

12. Nun das Ofengemüse hinzugeben.

13. Wichtig: Die Hälfte vom Grillgemüse im Kühlschrank aufbewahren. Die sind das Topping für das Mittagessen morgen.

14. Nun deinen Teller mit den Sprossen, den Kapern, den Kürbiskernen, dem Kümmel und dem Sesam toppen.

15. MEGA! Da ist es auch schon, dein super tolles Gericht, das dich ausgewogen fühlen lässt und satt macht.

Da kann alles andere einpacken!

YOUR TIMING IS PERFECT

TAG 2

FRÜHSTÜCK

Fabulöser Chia-Pudding

MITTAGESSEN

Toasties mit gegrillter Zucchini und Aubergine

ABENDESSEN

Linsen-Curry

Fabulöser Chia-Pudding

Hast du schon einmal Chia-Pudding versucht? Ich sage es dir ganz ehrlich: Ich habe ihn das allererste Mal nicht gemocht. ABER es lohnt sich auf jeden Fall sehr. Vielleicht hast du ihn ja schon lieben gelernt. Denn er ist ein Verdauungshelferlein und kann sonst noch so einige tolle Sachen: wie Antioxidantien, Mineralien und Ballaststoffe liefern.

ZUTATEN

250 g pflanzliche Milch

4 EL Chia-Samen

2 EL Ahornsirup

1 Granatapfel

FABULÖSER CHIA-PUDDING

ZUBEREITUNG
15 MINUTEN

PORTIONEN
1

ZUBEREITUNG

Am Vorabend

1. In eine luftdichte und auslaufsichere Dose die pflanzliche Milch, die Chia-Samen und den Ahornsirup geben.

2. Gut schütteln und in den Kühlschrank stellen.

Am nächsten Morgen

1. Den Granatapfel entkernen. Am besten eignet sich hierzu eine große Schüssel mit lauwarmem Wasser. Nun kannst du den Granatapfel anschneiden und unter Wasser aufbrechen. Das geht in ein paar Minuten und du kannst alles Wasser durch ein Sieb abschütten und den restlichen Granatapfel im Kühlschrank für weitere Gerichte aufbewahren. Am besten in einem luftdichten Behälter mit einem Küchentuch darinnen (um überschüssige Flüssigkeit aufzusaugen).

2. Den Chia-Pudding nochmals gut schütteln. Dann in eine Schüssel geben und die Granatapfelkerne darüber geben. Du kannst das Ganze auch mit zur Arbeit oder zur Schule/Uni mitnehmen.

Guten Appetit.

Toasties mit gegrillter Zucchini und Aubergine

Heute Mittag wird's knackig und zackig und vor allem eines: getoastet. Goldbraun getoastete Vollkornscheiben – hier darfst du auch gerne das Brot deiner Wahl verwenden. Das haben wir ganz zu Beginn eingefroren, so haben wir aufgetoastet immer perfekt frisches Brot – und dieses mal ganz köstlich mit dem Grillgemüse von gestern. Hast du das schon mal versucht? Los geht's!

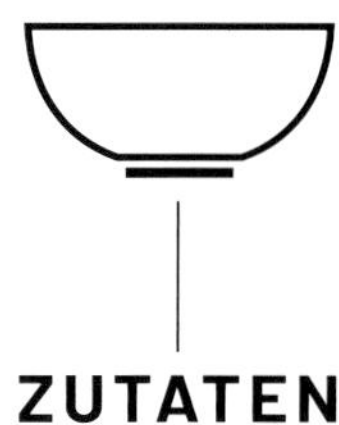

ZUTATEN

2 Scheiben Vollkorntoast nach Wahl, gerne auch glutenfrei

80 g Kichererbsen

1 EL Balsamico-Essig

1 EL Ahornsirup

1 TL Paprikapulver (besser noch: geräuchertes Paprikapulver, falls du das hast)

2 EL veganer Frischkäse Natur

1 kleine Karotte

etwas Öl

Grillgemüse vom Vortag

OPTIONAL

Weiße und schwarze Sesamkörner

Basilikumblätter

TOASTIES MIT GEGRILLTER ZUCCHINI & AUBERGINE

ZUBEREITUNG
5 MINUTEN

PORTIONEN
1

ZUBEREITUNG

1. Die Toasts defrosten und toasten. Viele Toaster haben auch eine Defrost (also Auftau)-funktion. Verwende dann diese.

2. In der Zwischenzeit die Kichererbsen abgießen und kurz abwaschen. In einer Pfanne mit etwas Öl gut anbraten.

3. Mit dem Balsamico-Essig und dem Ahornsirup ablöschen und kurz schwenken. Dann das Paprikapulver darübergeben und gut schwenken. Vom Herd nehmen und beiseite stellen.

4. Die kleine Karotte schälen und dann mittels dem Sparschäler in Streifen schälen. Daraus lassen sich kleine „Blümchen" drehen. Sieht süß aus - musst du natürlich nicht machen und kannst die Karottenstreifen auch einfach mit aufs Brot legen.

5. Nun aber erst einmal beide Scheiben mit veganem Frischkäse bestreichen. Dann die Kichererbsen sowie die Karotten darüber verteilen.

6. Nun gibst du noch das restliche Grillgemüse, welches wir gestern vorbereitet haben, darauf. Du kannst dies kalt lassen oder kurz erwärmen - was dir besser schmeckt.

7. Wenn du möchtest, kannst du das Ganze noch mit frischem Basilikum und Sesamkörnern dekorieren und dir natürlich sofort schmecken lassen.

Linsen-Curry

Heute kochen wir in 20 Minuten den Reis für insgesamt vier Gerichte vor. Vom Curry gibt's heute die Hälfte und der Geschmack liegt bei vollwertigen 100%. Klingt nach höherer Mathematik? Ist es nicht - vertrau mir. Wir wollen hier so effektiv wie nur möglich alles kombinieren, was nur geht. Worauf warten?

ZUTATEN

1 Tasse Reis

1 Tasse Wasser

1 Zwiebel

1 cm Ingwer

etwas Öl

1 EL Gemüsebrühepulver

1 TL Paprikapulver (oder geräuchertes Paprikapulver)

1 TL gemahlener Kurkuma

½ TL gemahlener Kreuzkümmel

⅓ TL Zimt

Salz

Pfeffer

2 EL Ahornsirup

½ Tasse rote Linsen

1 Dose Tomaten (ganz oder stückig)

250 ml Wasser

100 ml Hafermilch

MARIES TIPP

Während der Reis kocht, kannst du bereits die Küche aufräumen. Dann ist dein Essen nachher fertig und du hast eine saubere Küche. Mega, oder?

LINSEN-CURRY

ZUBEREITUNG
20 MINUTEN

PORTIONEN
1

ZUBEREITUNG

1. Den Reis in einen Topf geben und mit einer Tasse Wasser und einer Prise Salz zum Kochen bringen. Dann die Hitze reduzieren und mit geschlossenem Deckel 15 Minuten weiter köcheln lassen.

2. Die Zwiebeln, sowie den Ingwer schälen und fein würfeln. Mit etwas Öl in einer großen Pfanne sanft anbraten. Die Gewürze hinzugeben und mitbraten, damit sich der Geschmack entfalten kann.

3. Sobald die Zwiebelstücke schön glasig und leicht braun sind, mit dem Ahornsirup ablöschen.

4. Die Linsen hinzufügen und kurz mitbraten.

5. Die Tomaten, 250 ml Wasser, sowie das Gemüsebrühepulver und die Hafermilch hinzufügen, aufkochen lassen und dann alles 15 Minuten ohne Deckel köcheln lassen.

6. Den Reis gelegentlich umrühren.

7. Das Curry mit Salz und Pfeffer abschmecken.

8. Dann in eine Schüssel etwa ¼ vom Reis und die Hälfte vom Curry anrichten und genießen. Den Rest kannst du abkühlen lassen und später in luftdichten Dosen im Kühlschrank lagern.

FOLLOW YOUR PLAN AND NOT YOUR MOOD

TAG 3

FRÜHSTÜCK

Blaubeer-Protein-Smoothie

MITTAGESSEN

Veganer Feta-Walnuss-Salat

ABENDESSEN

Super-Bowl mit knackigem Spinat und Reis

Blaubeer-Protein-Smoothie

Es wird beerig - so richtig blaubeerig. Ich kann es überhaupt gar nicht glauben, dass wilde Heidelbeeren solch eine knackige Farbe abgeben. Ist das nicht der absolute Knaller? In Blaubeeren steckt übrigens eines der höchsten Antioxidationslevel unter allen Früchten. Sie sind gut für die Haut, Knochen und unterstützen viele wichtige Prozesse im Körper. So stellen sie den perfekten Start in den Tag dar und wir machen daraus einen köstlichen Smoothie.

1 Pint
500
300
200
½

500
Pint
3/4

ZUTATEN

5 EL Haferflocken

4 EL Kokosraspeln

2 EL Erdnussbutter

3 Datteln

1 Banane

150 g TK-Blaubeeren

Hafermilch (nach Belieben)

OPTIONAL

2 EL veganes Proteinpulver (geschmacksneutral)

BLAUBEER-PROTEIN-SMOOTHIE

ZUBEREITUNG
2 MINUTEN

PORTIONEN
1

ZUBEREITUNG

1. Alle Zutaten in den Mixer geben. Du kannst hier mehr oder weniger Hafermilch verwenden. Je nachdem, wie cremig oder eher flüssig du deinen Smoothie haben möchtest.

2. Gut mixen und genießen - oder mitnehmen. Wie du magst.

Veganer Feta-Walnuss-Salat

Ein Salat ganz ohne Salat - klappt irgendwie auch.
Wer hätte das gedacht?

ZUTATEN

¼ Tasse Reis

½ Tasse Wasser

1 Prise Salz

1 Handvoll Walnüsse

1 Granatapfel

½ veganer Fetablock

1 Handvoll glatte Petersilie

3 EL Olivenöl

2 EL Essig

Salz

VEGANER FETA-WALNUSS-SALAT

ZUBEREITUNG
20 MINUTEN

PORTIONEN
1

ZUBEREITUNG

1. Den Reis in einem Topf mit dem Wasser zum Kochen bringen. Salzen, aufkochen und dann bei geschlossenem Deckel und niedriger Temperatur für 15 Minuten garen.

2. In der Zwischenzeit die Walnüsse hacken und beiseite stellen.

3. Den Granatapfel entkernen (klappt am besten in einer großen Schüssel mit viel lauwarmem Wasser: Den Granatapfel einschneiden und unter Wasser die Kerne vom Gehäuse lösen. Dann abgießen und Kerne auf ein Küchentuch zum Trocknen geben).

4. Den veganen Feta in Würfel schneiden und die Petersilie fein hacken.

5. Den Reis in eine Schüssel geben. Mit dem Essig, dem Öl und dem Salz anmachen.

6. Die Walnüsse, die Petersilie, den Feta und die Granatapfelkerne darübergeben und genießen.

Super-Bowl
mit knackigem Spinat und Reis

Heute Abend gibt es eine bunte Bowl und wir hauen den kompletten Regenbogen einmal in den Teller. Ich zeige dir, wie!

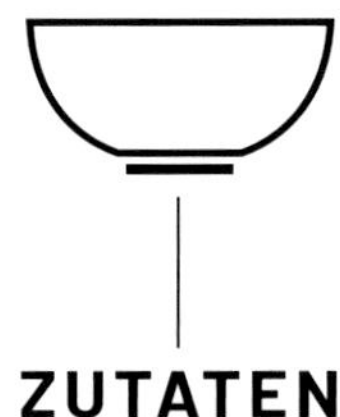

ZUTATEN

1 Portion vom gekochten Reis (hier ⅓ von unserem vorgekochtem Reis nehmen)

⅓ Gurke

1 Tomate

Frischer Koriander

1 Handvoll frischer Babyspinat

2 EL Olivenöl

1 EL Essig

Salz und Pfeffer

Den Rest von unserem Rote-Bete-Hummus

3 EL Mais

16 schwarze, entsteinte Oliven

SUPER-BOWL MIT KNACKIGEM SPINAT UND REIS

ZUBEREITUNG	PORTIONEN
10 MINUTEN	1

ZUBEREITUNG

1. Den Reis in einer Pfanne erwärmen. Du kannst ihn auch kalt lassen und das Ganze wie einen Salat genießen.

2. Die Gurke und die Tomate waschen und in kleine Würfel schneiden. Den Babyspinat und den Koriander fein hacken und zusammen mit der Gurke und der Tomate in eine Schüssel geben. Mit dem Essig, dem Öl, Salz und Pfeffer abschmecken.

3. In einer Schüssel den Reis, das Rote-Bete-Hummus, den Salat, den Mais, sowie die Oliven anrichten.

4. Wenn du noch etwas von der Zitrone vom Mittag übrig hast, kannst du hier ein paar Spritzer dazugeben. Mit frischgepresstem Zitronensaft schmeckt das Ganze noch bombastischer.

Happy Bowlin'!

I AM BECOMING THE BEST VERSION OF MYSELF

TAG 4

FRÜHSTÜCK

Bunte Berry-Bowl mit veganem Quark

MITTAGESSEN

Linsen-Curry-Wraps mit Spinat und Hummus

ABENDESSEN

Fixe Pommes mit cremiger Guacamole

Bunte Berry-Bowl mit veganem Quark

Kunterbunter Regenbogen, nur heute in süß. Du kannst die Beeren je nach Jahreszeit variieren. Hierzu gibt es auch einen Vermerk in der Einkaufsliste. Benutze das Obst, für das du dich entschieden hast!

BUNTE BERRY-BOWL MIT VEGANEM QUARK

ZUBEREITUNG
5 MINUTEN

PORTIONEN
1

ZUTATEN

½ Cantalupe-Melone

1 Handvoll Blaubeeren

1 Handvoll Himbeeren

1 Banane

250 g veganer Quark

1 EL veganes Nussmus nach Wahl, z. B. Erdnussbutter

ZUBEREITUNG

1. Die Cantalupe-Melone in mundgerechte Stücke schneiden. Die Beeren waschen. Die Banane schälen und schneiden.

2. In eine Schüssel den Quark hineingeben. Mit dem Obst und dem Nussmus toppen und fertig!

Ready for the day - ROCK IT!

Linsen-Curry-Wraps mit Spinat und Hummus

To go, oder to stay? Diese Wraps kannst du bequem überall mit hinnehmen und auch kalt super genießen. Heute zeigt sich dein Linsen-Curry von einer ganz anderen Seite. Wie schmeckt es dir?

ZUTATEN

2 Vollkorn-Wraps

Olivenöl

Das restliche Linsen-Curry

1 Handvoll frischer Spinat

Hummus

LINSEN-CURRY-WRAPS MIT SPINAT UND HUMMUS

ZUBEREITUNG	PORTIONEN
5 MINUTEN	1

ZUBEREITUNG

1. Die Wraps in einer Pfanne mit wenig Öl erhitzen.

2. Das Linsen-Curry in einer anderen Pfanne erwärmen und bei Bedarf nochmals mit Salz abschmecken.

3. Den Spinat waschen.

4. Die Wraps mit einer dünnen Schicht Hummus bestreichen und in die Mitte je eine halbe Handvoll gewaschenen und getrockneten Spinat geben.

5. Nun je Wrap einen großen Schöpflöffel Linsen-Curry geben. Die Seiten links und rechts leicht einklappen und dann von unten nach oben einrollen.

6. Du kannst die Wraps nun in Pergamentpapier einwickeln und mitnehmen oder direkt genießen.

Guten Appetit.

Fixe Pommes mit cremiger Guacamole

Pommes mit Dip - aber in gesund. Gesünder? Wir machen das Beste aus diesem leckeren Klassiker. Schmeiß schon mal den Ofen an! Wichtig: ⅓ der Kartoffeln auskühlen lassen und im Kühlschrank für das Abendessen an Tag 5 aufbewahren.

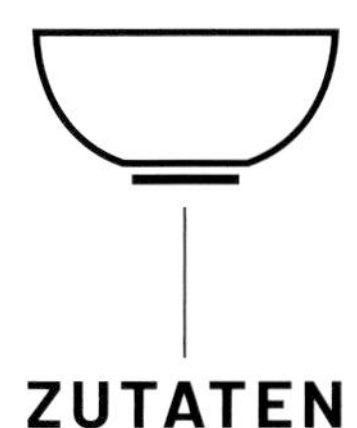

ZUTATEN

5 mittelgroße Kartoffeln

4 EL Olivenöl

1 Stängel Rosmarin, frisch oder getrocknet

1 reife Avocado

1 Zitrone

1 kleine Zwiebel

1 mittelgroße Tomate

1 EL Ahornsirup

Salz und Pfeffer

FIXE POMMES MIT CREMIGER GUACAMOLE

ZUBEREITUNG
30 MINUTEN

PORTIONEN
2 PORTIONEN GUACAMOLE
1 PORTION POMMES

ZUBEREITUNG

1. Den Ofen auf 250 °C vorheizen. Die Kartoffeln waschen und längs vierteln. In eine Schüssel geben und gut salzen, sowie getrockneten oder frischen Rosmarin nach Belieben und das Öl darüber geben.

2. In der Schüssel gut schwenken und auf ein mit Backpapier ausgelegtes Backblech legen. Für etwa 20 Minuten backen.

3. In der Zwischenzeit die Avocado halbieren, den Kern entfernen und in einer Schüssel mit dem Rücken einer Gabel zerdrücken. Die Zitrone halbieren und den Saft der Hälfte der Zitrone darübergeben. Umrühren und beiseitestellen.

4. Die Zwiebel schälen und fein würfeln. Die Tomate waschen und ebenfalls fein würfeln. Beides unter die Avocado rühren. Mit Salz und Pfeffer und mit dem Ahornsirup abschmecken.

5. Ein Drittel der Kartoffeln beiseite stellen und im Kühlschrank für das Abendessen an Tag 5 aufbewahren.

6. Kartoffelspalten mit der Hälfte des Dips servieren (die andere Hälfte in einem luftdichtem Behälter im Kühlschrank aufbewahren).

7. Nach Belieben Zitronensaft über die Spalten geben und mit dem Dip genießen.

DO IT FOR YOU

TAG 5

FRÜHSTÜCK

Supergrüner Smoothie - sooo lecker!

MITTAGESSEN

Zucchini-Bratlinge mit schnellem Kräuterdip

ABENDESSEN

Pizza-Party

Supergrüner Smoothie - aber lecker!

Ob du grünen Smoothie magst, oder nicht - das stellen wir heute alles einmal beiseite. Denn lass uns ehrlich sein, ein grüner Smoothie kommt mit einer Tonne Vorurteilen daher! Deshalb lass ihn uns heute einmal unter einem neuen Licht betrachten und einfach zu einer ganz neuen Zeit probieren. Bist du bereit?

1 Pint
ml 500
400
300
200
100

1 Pint
ml 500
400
300
200
100

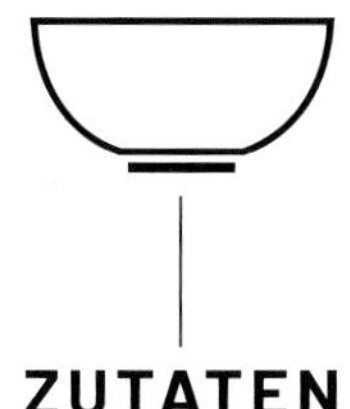

ZUTATEN

1 reife Banane

1 Handvoll Babyspinat

1 kleine Avocado

2 EL Kokosraspeln

250 g Pflanzendrink nach Wahl

OPTIONAL

Ahornsirup oder Datteln

30 g Proteinpulver

SUPER GRÜNER SMOOTHIE - SOOO LECKER!

ZUBEREITUNG	PORTIONEN
5 MINUTEN	1

ZUBEREITUNG

1. Alle Zutaten in den Mixer geben und gut durchmixen.

2. Wahlweise kannst du das Ganze auch noch ein wenig mit Ahornsirup oder Datteln süßen - musst du aber nicht.

Lass es dir schmecken.
Möge die grüne Macht mit dir sein.

Leckere Zucchini-Bratlinge mit schnellem Kräuterdip

Hast du schon mal Zucchini in Bratlinge gepackt? Diese kleinen Happen schmecken wie das Beste, was man aus Zucchinis nur zaubern kann - meiner Meinung nach. Du kannst die Masse auch am Vorabend oder am Morgen vorbereiten. Dann geht es bei der Zubereitung noch schneller. Ich bin gespannt, was du sagst!

ZUCCHINI BRATLINGE MIT SCHNELLEM KRÄUTERDIP

ZUBEREITUNG
25 MINUTEN

PORTIONEN
1

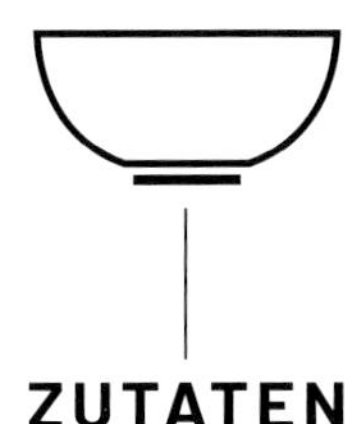

ZUTATEN

FÜR DIE BRATLINGE

1 kleine Zucchini

1 TL Salz

50 g Dinkelmehl (Typ 630) - oder glutenfreies Universalmehl

½ TL Backpulver

1 Knoblauchzehe

25 g fein geschnittener Fenchel

15 g Hefeflocken

20 g Olivenöl + mehr

FÜR DEN DIP

250 g Pflanzenjoghurt nach Wahl

Salz und Kräuter nach Wahl

ZUBEREITUNG

1. Die Zucchini waschen und mittels einer Mandoline oder mit einem Mixer in feine kleine Stücke reiben/hacken.

2. Die Zucchini-Masse in eine Schüssel geben und Salz unterrühren. Das Ganze 10 Minuten ziehen lassen. Bis hierhin kannst du das Ganze auch am Vorabend, oder am Morgen vorbereiten und einfach in einer geschlossenen Dose im Kühlschrank ziehen lassen.

3. In einer neuen Schüssel alle restlichen Zutaten vermengen.

4. Nun ein frisches Küchenhandtuch, oder ein Musselintuch nehmen und die Zucchini-Masse hineinpacken. Alle Enden zusammennehmen und über dem Waschbecken ausdrücken, bis die meiste Flüssigkeit entwichen ist. Die nun noch feuchte Zucchini-Masse in die Schüssel mit der Mehl-Öl-Mischung geben und alles mit den Händen zu einem Teig kneten.

5. In einer Pfanne etwas Olivenöl erhitzen und die Bratlinge darin von beiden Seiten schön goldbraun braten.

6. Nun für den Dip einfach den Pflanzenjoghurt mit etwas Salz und Kräutern würzen.

7. Alles auf einen Teller geben und genießen.

Pizza-Party

Pizza-Party ist die Beste Dinner-Party überhaupt. Hier bekommst du heute mein absolut bestes und einfachstes Pizzateigrezept, welches ich die letzten 12 Jahre (!!!) zu Hause perfektioniert habe. Ich mache wirklich seit all diesen Jahren dieses eine Rezept und ich will kein anderes mehr. Und als Bonus on top gibt es mein liebstes Topping für dich! Kartoffeln mit Kichererbsen. Kennst du nicht? Dann wird es höchste Zeit!

Anmerkung: Gerne kannst du auch glutenfreies Universalmehl verwenden. Am fluffigsten wird es allerdings mit hellem Dinkel- oder Weizenmehl.

MARIES TIPP

Hast du dich für die glutenfreie Variante entschieden, gibt es trotzdem ein paar einfache Tipps, wie es klappt. Füge dem Teig einfach 2 EL Apfelessig und 2 EL gemahlene Flohsamenschalen hinzu. Solltest du das nicht vorrätig haben, tut es auch ein normaler Essig und etwas Backpulver. Du kannst das aber auch weglassen.

ZUTATEN

FÜR DEN TEIG

180 g lauwarmes Wasser (nicht heiß!)

175 g Mehl Typ 630 - oder glutenfreies Universalmehl

20 g frische Hefe

½ TL Salz

1 EL Ahornsirup

17 g Olivenöl

FÜR DAS TOPPING

2 mittelgroße Kartoffeln

½ Glas Kichererbsen (175 g inkl. Flüssigkeit)

1 TL Sojasoße

1 TL Ahornsirup

1 TL Olivenöl

100 g veganer Frischkäse nach Wahl

MARIES TIPP

Ab 40 °C sterben Hefebakterien ab und der Teig kann nicht aufgehen. Teste das Wasser an der Innenseite deines Handgelenks. Hier sollte es mild warm sein. Falls du ein Küchenthermometer besitzt, kannst du auch dieses verwenden. Hier sind 35 °C optimal.

PIZZA-PARTY

ZUBEREITUNG
20 MINUTEN

PORTIONEN
1

ZUBEREITUNG

1. Die Kartoffeln in Salzwasser 15 Minuten gar kochen.

2. In der Küchenmaschine oder in einer großen Schüssel alle Zutaten für den Teig miteinander zu einem homogenen Teig kneten.

3. Dann den Teig in eine große Schüssel geben und an einem warmen Ort ohne Luftzug und abgedeckt mit einem Küchentuch gehen lassen. Bis hierhin kannst du das Ganze auch am Morgen, oder sogar am Vorabend vorbereiten und den Teig anstatt in einer Schüssel in einer luftdichten Dose mit genügend Platz (da der Teig aufgehen wird) im Kühlschrank gehen lassen.

4. Hole ihn dann etwa 1 Stunde vor der Weiterverarbeitung wieder aus dem Kühlschrank heraus und lasse ihn bei geschlossenem Deckel auf Raumtemperatur kommen.

5. Den Ofen auf 250 °C O/U vorheizen.

6. Dann den Teig zu einem Pizzafladen ausrollen. Mit veganem Frischkäse bestreichen. Die Kartoffeln in Scheiben schneiden und darüber verteilen.

7. Die Kichererbsen in etwas Olivenöl anbraten und mit Sojasoße, sowie Ahornsirup ablöschen.
Über die Pizza geben und das Ganze für etwa 10-15 Minuten backen. Herausnehmen, wenn der Rand der Pizza leicht goldbraun ist.

Lass es dir schmecken!

I AM WORKING ON MYSELF, FOR MYSELF

TAG 6

FRÜHSTÜCK

English Breakfast - in vegan!

MITTAGESSEN

Einfacher Reissalat

ABENDESSEN

Kunterbunte Frühlingsrollen mit genialem Erdnussbutterdip

English Breakfast - in vegan!

English Breakfast ist so ein Klassiker und ich hab's das erste Mal in England vor vielen, vielen Jahren gegessen. Damals noch nicht vegan und meiner Meinung nach viel zu fettig. Fastforward ins Jetzt: Der Klassiker neu aufgelegt mit weniger Fett und in vegan, dafür aber 100 mal gesünder und meiner Meinung nach noch viel leckerer.

ZUTATEN

Etwa 6 Champignons

175 g weiße Bohnen (von einer 350 g Dose die Hälfte)

1 EL Tomatenmark

1 Dose Tomaten, stückig (250 g)

1 TL Ahornsirup

1 große Tomate oder mehrere Cherrytomaten

2 vegane Würstchen nach Wahl (hier gibt es auch glutenfreie Varianten)

Salz und Pfeffer

Olivenöl

OPTIONAL

Italienische Kräuter

ENGLISH BREAKFAST - IN VEGAN!

ZUBEREITUNG
15 MINUTEN

PORTIONEN
1

ZUBEREITUNG

1. In einer Pfanne mit etwas Olivenöl die Pilze braten. Dies dauert nur ein paar Minuten.

2. In der Zwischenzeit in einer kleinen Pfanne die weißen Bohnen in etwas Öl anbraten. Mit dem Tomatenmark und den Dosentomaten sowie dem Ahornsirup ablöschen und köcheln lassen.

3. Die Tomate(n) halbieren und zu den Champignons mit in die Pfanne geben und mitbraten lassen.

4. Die veganen Würstchen ebenfalls mit in die Pfanne geben. Gegebenenfalls etwas Olivenöl nachgeben.

5. Die Bohnen mit Salz und Pfeffer abschmecken. Gerne kannst du ein paar italienische Kräuter hinzugeben. Ist zwar nicht sehr britisch, schmeckt trotzdem lecker.

6. Alles anrichten und genießen.

Einfacher Reissalat

Das Mittagessen wird heute in ein paar Minuten gezaubert. Mit einer Portion von unserem vorgekochten Reis. Bist du bereit? Los geht's!

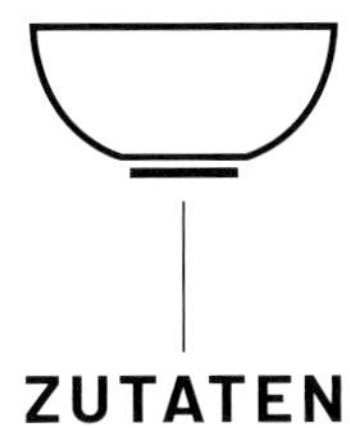

ZUTATEN

1 Portion vorgekochter Reis von Tag 2

1 Tomate

½ rote Paprika

3 Essiggurken

3 EL Mais aus der Dose

2 EL Essig nach Wahl

3 EL Olivenöl

Salz

EINFACHER REISSALAT

ZUBEREITUNG 7 MINUTEN

PORTIONEN 1

ZUBEREITUNG

1. Die Tomate und die Paprika waschen und in kleine Streifen/Würfel schneiden.

2. Die Essiggurken ebenfalls in kleine Würfel schneiden.

3. Den Mais abgießen und abtropfen lassen.

4. Alle Zutaten zusammen mi dem Reis in eine Schüssel geben und mit Essig und Öl anmachen. Etwas Salz darüber und fertig!

Guten Appetit.

Kunterbunte Frühlingsrollen mit genialem Erdnussbutterdip

Darf ich präsentieren: Wieder einmal Regenbogen in der Schüssel! Ich kenne kaum ein Gericht, das mehr Regenbogenfarben besitzt, wie diese kunterbunten Frühlingsrollen! Da geht einem schon fast die Sonne im Herzen auf. Probiere sie mal selber.

ZUTATEN

FÜR DIE FRÜHLINGSROLLEN

125 g Reisnudeln

½ Gurke

1 Karotte

1 kleine, reife Mango

½ rote Paprika

Etwas frische, gehackte Petersilie

5 Reispapier, rund

FÜR DEN DIP:

2 EL cremige Erdnussbutter

1 EL Sojasoße

1 EL Zitronensaft

2 EL Ahornsirup

OPTIONAL

Chiliflocken

MARIES TIPP

Nicht zu viel Füllung nehmen. Dann klappt es am besten.

KUNTERBUNTE FRÜHLINGS-ROLLEN MIT GENIALEM ERDNUSSBUTTERDIP

ZUBEREITUNG	PORTIONEN
20 MINUTEN	1

ZUBEREITUNG

1. Die Reisnudeln nach Packungsanleitung kochen und alles Gemüse sowie die Mango fein schneiden. Am besten alles auf einen Teller geben, damit es zum Rollen direkt parat ist.

2. Eine große Schüssel, oder einen Pastateller mit Wasser vorbereiten und darin das erste Reispapier einweichen. Dann mit ein bisschen von allem füllen, die Seiten einschlagen und dann von unten nach oben rollen. Am besten klappt es, wenn du die Frühlingsrollen auf einem Holzbrett und zügig wickelst. So klebt dir das Reispapier nicht am Untergrund fest.

3. Du kannst die Frühlingsrollen am Stück lassen, oder halbieren und auf einem Teller anrichten.

4. Für den Dip einfach alle Zutaten hierfür in einem Glas mit einer Gabel cremig rühren. Sollte deine Masse zu dick sein, kannst du etwas Wasser unterrühren. Einfach weiterrühren, dann wird die Masse cremig. Die Konsistenz kann je nach Erdnussbutter variieren.

Na, wie strahlt dein Regenbogen?
Lass es dir schmecken!

MAKE YOURSELF PROUD

TAG 7

FRÜHSTÜCK

Pancake Sunday

MITTAGESSEN

Aromatische Gemüsesuppe

ABENDESSEN

Pasta mit cremig gebackener veganer Fetasoße

Pancake Sunday

Easy Peasy Pancakes für einen Slow Sunday Morning. Soll ich dir was verraten?
Frische Blaubeeren schmecken super im Teig. Verwöhn dich selbst und probiere es aus.

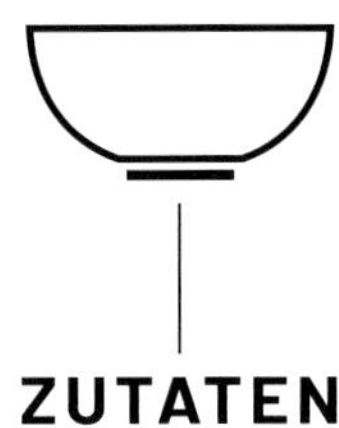

ZUTATEN

100 g Mehl Typ 630 (oder glutenfreies Universalmehl)

1 TL Backpulver

125 g Pflanzendrink nach Wahl

1 EL heller Essig

2 EL Kokosöl + mehr

2 EL Ahornsirup

TOPPING

100 g Blaubeeren

125 veganer Joghurt nach Wahl

Ahornsirup

PANCAKE SUNDAY

ZUBEREITUNG
10 MINUTEN

PORTIONEN
1

ZUBEREITUNG

1. Kokösöl schmelzen, mit allen andern Zutaten für den Teig in eine große Schüssel geben und mittels Schneebesen zu einer homogenen Masse verarbeiten.

2. Die Blaubeeren waschen und leicht trocken tupfen.

3. In einer Pfanne etwas Kokosöl erhitzen und je 1-2 EL Teig pro Pfannkuchen hineingeben. Je nach Pfannengröße kannst du bis zu vier Pfannkuchen auf einmal ausbacken.

4. Ein paar Blaubeeren pro Pfannkuchen auf den kleinen Teigfladen geben und umdrehen. Kurz backen lassen und sobald die Pancakes goldbraun sind, auf einen Teller geben.

5. Mit dem veganem Joghurt und wahlweise etwas Ahornsirup servieren und genießen.

Na, wie schmecken die Pancakes mit Blaubeeren? Mach mal ein Foto und lade es in deine Instagram Stories.

Wenn du mich mit @therawberry markierst, werde ich es reposten.

Aromatische Gemüsesuppe

Hello, hello you gorgeous veggies! Mal ganz ehrlich: Gemüse in unserer Kindheit war doch meistens einfach öde und irgendwie nicht unser Ding. Zumindest ging es mir so. Umso cooler, dass wie einfach eine kleine Veggie-Revolte einlegen und diese bunte Gemüsesuppe zeigt, dass Gemüse voll der King sein kann. Hol schon mal dein Schneidebrett!

ZUTATEN

1 Karotte

1 Kartoffel

1 Zwiebel

3 Stangen Spargel (falls außer Saison kannst du auch 1 kleine Zucchini verwenden)

Olivenöl

ca. 500 ml Wasser

Gemüsebrühepulver

DAZU

2 Scheiben Brot auftoasten

AROMATISCHE GEMÜSESUPPE

ZUBEREITUNG
10 MINUTEN

PORTIONEN
1

ZUBEREITUNG

1. Alles Gemüse waschen und schneiden. Die Zwiebel vorher schälen - die muss natürlich auch nicht gewaschen werden.

2. Die Zwiebel in grobe Würfel und das restliche Gemüse in mundgerechte Stücke schneiden.

3. Nun alles Gemüse in einem Topf mit etwas Öl anbraten. Das ergibt ein unglaublich leckeres Aroma!

4. Wenn alles leicht goldbraun gebraten ist, mit Wasser ablöschen. Und zwar so viel, bis der Inhalt knapp bedeckt ist. Das Wasser zum Kochen bringen und dann köcheln lassen. Das Gemüsebrühepulver hinzufügen (Menge variiert je nach Hersteller. Ich nehme immer einen gestrichenen Esslöffel je 500 ml Wasser).

5. Alles 15 Minuten köcheln lassen und mit zwei Scheiben Brot servieren.

Pasta mit cremig gebackener, veganer Fetasoße

Heute Abend wird es super cremig lecker! Falls du das nächste mal Freunde bekochst, sollte das dein Party-Gericht werden! Es ist SO unglaublich einfach und lecker und ein absoluter Publikumsliebling. Eine wärmste Empfehlung von mir!

ZUTATEN

½ Block veganer Feta
(z. B. von Violife)

1 kleine Zucchini

½ Glas Kichererbsen

1 Zwiebel

Öl

200 g Nudeln
nach Wahl

Salz

PASTA MIT CREMIG GEBACKENER VEGANER FETA-SOSSE

ZUBEREITUNG
30 MINUTEN

PORTIONEN
1

ZUBEREITUNG

1. Den Ofen auf 250 °C vorheizen.

2. In eine Auflaufform etwas Öl geben und den Feta in die Mitte legen.

3. Die Zucchini waschen und in kleine Stücke schneiden. Zusammen mit den gewaschenen und abgetropften Kichererbsen in die Form geben.

4. Die Zwiebel schälen und in feine Ringe schneiden. In der Form verteilen.

5. Das Ganze etwa 20 Minuten backen lassen.

6. Die Nudeln in der Zwischenzeit nach Packungsanweisung kochen.

7. Sobald der Feta geschmolzen ist, die Form herausnehmen.

8. Das Nudelwasser abgießen und die Nudeln in die Form geben. Alles gut unterheben.

9. Die Hälfte davon abschöpfen und in einem luftdichten Behälter im Kühlschrank aufbewahren. Das wird das Mittagessen für Tag 10.

10. Die andere Hälfte in einer Schüssel anrichten und genießen.

Guten Appetit.

WOCHE 2

Hier kannst du deine Einkaufsliste für Woche 2 downloaden.

EINKAUFSLISTE WOCHE 2

Frisches Gemüse und Obst
1 kleine Avocado
5 Bananen
2 große Bund Basilikum
350 g Beeren nach Wahl
150 g Champignons
ca. 300 g Cherrytomaten
1 kleiner Eisbergsalat
2 Frühlingszwiebeln
1 kleine Gurke
2 kleine Karotten
500 g Kartoffeln
8 Knoblauchzehen
½ Bund Petersilie
1 kleine rote Paprika
1 kleine Handvoll Rucola
6-8 Blätter frischer Salbei
1 Bund Schnittlauch
200 g frischer Spinat
1 Süßkartoffel
2 mittelgroße Tomaten
1 kleiner, weißer Rettich
1 Zucchini
1 Zwiebel

Käse, Quark und frische Produkte
16-26 schwarze, entsteinte Oliven
170 g vegane Gnocchi
½ Block veganer Feta
250 g Pflanzenjoghurt (z. B. auf Kokosbasis)
4 Scheiben veganer Käse
ca. 200 g veganer Quark

Trockene Zutaten
70 g Buchweizen
2 EL Chia-Samen
3 Datteln, entsteint
50-70 g Dinkelmehl (Typ 630) oder glutenfreies Universalmehl
1 TL Gemüsebrühepulver
110 g Haferflocken
125 g Hafermehl (alt. Dinkelmehl Typ 630, Mandel- oder glutenfreies Universalmehl)
3 EL Hefeflocken
1 Pck. Italienische Kräuter
9-11 EL Lieblingsmüsli
2 EL Marmelade
150 g Nudeln nach Wahl
1 EL Nussmus oder Marmelade
2 TL Paprikapulver
Pfeffer (Vorrat)
2 ½ EL Pinienkerne
70 g Polenta
50 g Rosinen oder Schokostückchen
Salz (Vorrat)
ca. 3 TL Zimt

Brot
8 Scheiben Toast

Optional:
Chiliflocken
Kapern

Pflanzendrinks, Konserven, Nüsse, Muse, Öl & Co.
1 FL Ahornsirup(250 ml)
3 EL Balsamico-Essig
1 Handvoll Cashews
ca. 250 g Erdnussbutter
7 EL heller Essig
2 Dosen Kichererbsen (je 420 g)
1 Dose Kidneybohnen
ca. 1 TL Kokosöl
ca. 1 FL Olivenöl (500 ml)
660 ml Tomatenpassata) passierte Tomaten)
ca. 1000 ml Pflanzendrink nach Wahl
1 Dose Schwarze Bohnen
2 EL Sojasoße | Asiasoße
5 EL Tahin
1 Dose stückige Tomaten
1 EL Tomatenmark
2 Dosen weiße Bohnen
Zitronensaft (aus Woche 1)

DID SOMEONE SAY SNACKS?

Erdnussbutter-Rosinen-Cookies

Super einfache Leckerbissen für Woche 2.
Perfekt zum Mitnehmen - egal wann und wo.

ZUTATEN

125 g Hafermehl (alternativ geht auch Dinkelmehl Typ 630, Mandelmehl, oder glutenfreies Universalmehl)

90 g Ahornsirup

100 g Erdnussbutter

1 TL Zimt

50 g Rosinen oder Schokostückchen

SNACK DER WOCHE

ERDNUSSBUTTER-ROSINEN-COOKIES

ZUBEREITUNG	PORTIONEN
20 MINUTEN	10

ZUBEREITUNG

1. Den Ofen auf 180 °C vorheizen und ein Backblech mit Backpapier auslegen.

2. Das Mehl mit dem Zimt vermischen. In einer neuen Schüssel den Ahornsirup und die Erdnussbutter verquirlen.

3. Nun alles gut miteinander verrühren, die Rosinen oder die Schokostückchen unterheben und mit den Händen 10 kleine Kugeln formen. Auf das Backblech geben und mit dem Boden eines Glases andrücken.

4. Etwa 12-15 Minuten backen. Auskühlen lassen und in einer luftdichten Dose bei Raumtemperatur lagern.

REMEMBER WHY YOU STARTED

TAG 8

FRÜHSTÜCK

Veganes gegrilltes Käse-Sandwich

MITTAGESSEN

Bunter Thai-Salat

ABENDESSEN

Herzerwärmender 3-Bohnen-Eintopf

Veganes gegrilltes Käse-Sandwich

Kleines Sandwich ganz groß. Mit selbst gemachtem Pesto und veganem Käse starten wir heute in die Woche! Das Pesto kannst du bereits am Abend vorher zubereiten, wenn du möchtest. Dann sparst du am Morgen ein paar Steps ein.

ZUTATEN

FÜR DAS SANDWICH

3 Scheiben Brot

2 Scheiben veganer Käse

1 Tomate

FÜR DAS PESTO

2 große Bund Basilikum

2 Knoblauchzehen

2 EL Pinienkerne

3 EL Hefeflocken

100 ml Olivenöl

1 TL Zitronensaft

Salz und Pfeffer

MARIES TIPP

Das Pesto kann am Vorabend zubereitet werden.

VEGANES GEGRILLTES KÄSE-SANDWICH

ZUBEREITUNG
10 MINUTEN

PORTIONEN
1

ZUBEREITUNG

1. Das Brot im Ofen mit Grillfunktion oder O/U auftoasten.

2. Alle Zutaten für das Pesto in der Küchenmaschine oder mit dem Stabmixer zerkleinern und zu Pesto verarbeiten. Mit Salz und Pfeffer und gegebenenfalls mit mehr Zitronensaft abschmecken.

3. Beiseitestellen.

4. Die Tomate in feine Scheiben schneiden.

5. Zwei Scheiben Brot nun mit Pesto bestreichen und veganen Käse darüber legen. Das Ganze kurz im Ofen grillen.

6. Aus dem Ofen nehmen und jede Brotscheibe mit Tomatenscheiben belegen. Eine Scheibe (nach oben zeigend) über die andere legen und mit der letzten Scheibe Brot „zudecken".

7. Diagonal schneiden und genießen.

Bunter Thai-Salat

Heute holen wir einmal das ganze bunte Gemüse nach, das wir gestern hätten essen sollen.
Nein, Quatsch - wir essen es nur, weil es so gut schmeckt!

ZUTATEN

1 Zucchini

½ Karotte

1 Frühlingszwiebel

½ rote Paprika

1 Handvoll Cashews

FÜR DAS DRESSING

2 EL Erdnussbutter

1 TL Zitronensaft

1 TL Essig

1 EL Ahornsirup

Chiliflocken

BUNTER THAI-SALAT

ZUBEREITUNG
10 MINUTEN

PORTIONEN
1

ZUBEREITUNG

1. Alles Gemüse waschen.
2. Die Zucchini mit einem Sparschäler oder Gemüsespitzer in kleine Streifen schneiden.
3. Die Karotte in feine Streifen schälen. Die Frühlingszwiebel in feine Ringe schneiden und die Paprika ebenfalls in feine Streifen schneiden.
4. Alles zusammen mit den den Cashews in eine Schüssel geben.
5. In einem Glas alle Zutaten für das Dressing miteinander verrühren. Hierfür eignet sich eine Gabel am besten.
6. Das Dressing über den Salat geben und gut unterrühren. Gegebenenfalls mit Zitronensaft verfeinern und Chiliflocken nach Belieben hinzugeben.

Guten Appetit.

Herzerwärmender 3-Bohnen-Eintopf

Heute Abend wird es gemütlich warm ums Herz. Egal zu welcher Jahreszeit, dieser 3- Bohnen-Eintopf ist einfach ein Must-Try. Eignet sich übrigens auch super, wenn die ganze Familie zu Besuch ist. Doch heute kochen wir für Tag 12 mit!

stone washed
pure linen.

ZUTATEN

1 Zwiebel

1 TL Paprikapulver

1 EL Tomatenmark

1 EL Ahornsirup

1 Dose Tomaten, stückig

660 ml Tomatenpassata

½ Dose weiße Bohnen

1 Dose Kidneybohnen

1 Dose schwarze Bohnen

Salz und Pfeffer

Olivenöll

MARIES TIPP

Z. B. 1 große Flasche Passata von Alnatura - hier muss die Menge nicht so exakt sein.

HERZERWÄRMENDER 3-BOHNEN-EINTOPF

ZUBEREITUNG
20 MINUTEN

PORTIONEN
2

ZUBEREITUNG

1. Die Zwiebel schälen und fein hacken. In einem großen Topf mit etwas Öl sanft anbraten, bis die Stückchen leicht glasig sind. Das Paprikapulver, das Tomatenmark und den Ahornsirup hinzugeben und für etwa 2 Minuten weiterbraten. So können sich alle Aromen entfalten und es bildet sich eine Grundsubstanz für unseren Eintopf.

2. Mit den stückigen Tomaten und dem Passata ablöschen. Das Ganze einmal aufkochen und für 10 Minuten reduziert köcheln lassen.

3. Die Bohnen abwaschen, abtropfen und hinzugeben. 5 Minuten weiter köcheln lassen.

4. Die Hälfte des Gerichts kommt in eine luftdichte Dose und wird zum Abendessen für Tag 12. Die andere Hälfte servieren und genießen.

Lass es dir schmecken!

SLOW PROGRESS IS PROGRESS

TAG 9

FRÜHSTÜCK

Kokosjoghurt-Granola-Gläschen

MITTAGESSEN

Avocado-Toast mit weißen Bohnen

ABENDESSEN

Schnelle Salbei-Gnocchi

Kokosjoghurt-Granola-Gläschen

Diesen Morgen dauert das Essen nur eine Minute! Glaubst du nicht?
Hol den Timer, fertig, los!

ZUTATEN

250 g Pflanzenjoghurt auf Kokosbasis oder veganer Joghurt nach Wahl

4-6 EL deines Lieblings-Knuspermüslis

Beeren als Topping

KOKOSJOGHURT-GRANOLA-GLÄSCHEN

ZUBEREITUNG
1 MINUTE

PORTIONEN
1

ZUBEREITUNG

1. Den Kokosjoghurt in ein Glas geben und mit Granola toppen.

2. Die Beeren darüber geben und genießen.

3. Du kannst das Ganze natürlich auch mit Nussmus verfeinern, wenn du magst.

Avocado-Toast mit weißen Bohnen

Toast Tuesday heißt unser Mittagessen wieder. Heute mit super schneller Avocadocreme und gebratenen weißen Bohnen.

ZUTATEN

2 Scheiben Brot

½ Dose weiße Bohnen

½ Avocado

4 Cherrytomaten

Italienische Kräuter

Zitronensaft

Salz und Pfeffer

Öl

OPTIONAL

Chiliflocken

AVOCADO-TOAST MIT WEISSEN BOHNEN

ZUBEREITUNG
10 MINUTEN

PORTIONEN
1

ZUBEREITUNG

1. Das Brot auftoasten.
2. In einer Pfanne mit etwas Öl die Bohnen anbraten und mit den italienischen Kräutern sowie mit etwas Salz und Pfeffer verfeinern.
3. Beiseitestellen.
4. Die Avocado halbieren und die Hälfte mit dem Kern in einer luftdichten Dose im Kühlschrank aufbewahren (das sorgt dafür, dass sie nicht braun wird).
5. Das Fruchtfleisch der zweiten Avocadohälfte auf beide Brote aufteilen und mit dem Rücken einer Gabel zerdrücken.
6. Die Tomaten halbieren und zusammen mit den Bohnen auf die Brote geben. Mit etwas Zitronensaft und optional mit Chiliflocken verfeinern und genießen.

Schnelle Salbei-Gnocchi

Diese Gnocchi sind eines meiner absoluten Lieblingsrezepte. Perfekt für ein schnelles Abend- oder Mittagessen. Das perfekte Gericht, ohne viel zu kochen – los geht's!

HONE

SCHNELLE SALBEI-GNOCCHI

ZUBEREITUNG
10 MINUTEN

PORTIONEN
1

ZUTATEN

etwa 170 g frische Gnocchi

1 TL Pinienkerne

1 Handvoll Cherrytomaten

2 EL entsteinte, schwarze Oliven

Schnittlauch, gehackt

6-8 Blätter frischer Salbei

Olivenöl

Salz

ZUBEREITUNG

1. In einer Pfanne mit etwas Öl die Gnocchi gut anbraten.

2. Salbei grob hacken und zusammen mit den Pinienkernen ebenfalls mitbraten.

3. Tomaten, Oliven und Schnittlauch dazugeben. Nochmals braten und servieren.

4. Mit Salz abschmecken und lass es dir schmecken!

SMALL STEPS EVERYDAY

TAG 10

FRÜHSTÜCK

Erdnussbutter-Bananen-Smoothie

MITTAGESSEN

Pasta mit cremig gebackener veganer Feta-Soße

ABENDESSEN

Cremiges Kartoffelpüree mit Balsamico-Pilzen und Spinat

Erdnussbutter-Bananen-Smoothie

Let's go bananas! Nein, also nicht wirklich.
Sondern nur für einen Smoothie - oder zwei?

ZUTATEN

1 Banane

1 EL Erdnussbutter

4 EL Haferflocken

3 Datteln, entsteint

250 ml Pflanzenmilch nach Wahl

ERDNUSSBUTTER-BANANEN-SMOOTHIE

ZUBEREITUNG
2 MINUTEN

PORTIONEN
1

ZUBEREITUNG

1. Die Banane schälen und zusammen mit den restlichen Zutaten in den Mixer geben.
2. Gut mixen, in ein Glas füllen und genießen.

Pasta mit cremig gebackener, veganer Fetasoße

Heute Mittag heißt es eigentlich nur kurz aufwärmen.
Das Coole am Vorkochen ist: Dein Essen wartet bereits fix und fertig im Kühlschrank auf dich!

ZUTATEN

Die vorgekochte Pasta mit cremig gebackener veganer Feta-Soße aus Tag 7.

OPTIONAL

etwas Pflanzendrink

Salz

PASTA MIT CREMIG GEBACKENER VEGANER FETASOSSE

ZUBEREITUNG
5 MINUTEN

PORTIONEN
1

ZUBEREITUNG

1. Einfach in einer Pfanne kurz aufwärmen, gegebenenfalls mit etwas Pflanzendrink für mehr Cremigkeit anbraten.

2. Bei Bedarf noch etwas Salz hinzugeben und genießen.

Cremiges Kartoffelpüree mit Balsamico-Pilzen und Spinat

Ich weiß nicht, wieso Pilze nicht immer so zubereitet werden.
Aber diese Kombi ist einfach ein Knaller!
Bin schon gespannt, was du dazu sagst.

ZUTATEN

FÜR DAS KARTOFFELPÜREE

500 g Kartoffeln

140 g Wasser

½ TL Salz

80 g Pflanzendrink

FÜR DIE BALSAMICO-PILZE UND SPINAT

200 g frischer Spinat

150 g frische Campions

1 EL Olivenöl

3 EL Balsamico-Essig

1 EL Ahornsirup

1 EL Sojasoße

2 Knoblauchzehen

½ TL italienische Kräuter

CREMIGES KARTOFFELPÜREE MIT BALSAMICO-PILZEN UND SPINAT

ZUBEREITUNG
30 MINUTEN

PORTIONEN
1

ZUBEREITUNG

1. Den Ofen auf 250 °C vorheizen. Die Pilze von Schmutz befreien und in eine Auflaufform geben, so dass sie knapp hineinpassen.

2. In einer Schüssel das Olivenöl, den Essig, den Ahornsirup, die Sojasoße und die italienischen Kräuter verrühren. Den Knoblauch pressen oder fein hacken und ebenfalls unterrühren.

3. Das Dressing über die Champions geben und etwa 20 Minuten im Ofen backen.

4. In der Zwischenzeit die Kartoffeln waschen und in mittelgroße Stücke schneiden.

5. In einem Topf die Kartoffeln in dem Wasser mit Salz für etwa 20 Minuten köcheln lassen. Gelegentlich umrühren. Dann zusammen mit dem Pflanzendrink in den Mixer geben, oder mit dem Stabmixer (ein Stampfer geht auch) zu Kartoffelpüree verarbeiten.

6. Du kannst den Spinat nun in einer Pfanne mit etwas Pflanzendrink garen, oder roh dazu essen - was dir lieber ist.

7. Die Hälfte des Kartoffelpürees in einem luftdichten Behälter für unsere grandiosen Kartoffelpüree-Mini-Bratlinge für Tag 13 aufbewahren. Die andere Hälfte mit dem Spinat und den Champions anrichten. Die Champignons müssten nun schön gar und golden sein. Im Bräter sollte sich eine Soße gebildet haben. Alles über das Kartoffelpüree geben und genießen.

A NEW ERA OF ME

TAG 11

FRÜHSTÜCK

Cremiger Buchweizen-Porridge

MITTAGESSEN

Schneller Kichererbsensalat

ABENDESSEN

Grüne Pesto-Pasta

Cremiger Buchweizen-Porridge

Ich liebe (!) diesen Buchweizen-Porridge einfach so sehr, dass ich ihn wirklich jede Woche essen könnte. Buchweizen wird tatsächlich stark unterschätzt. Hast du ihn schon einmal probiert?

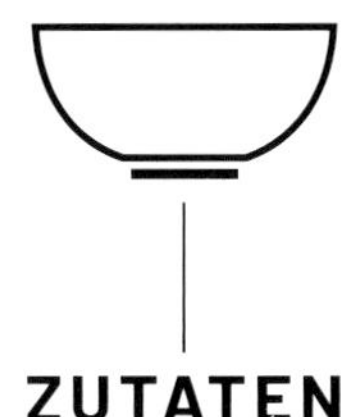

ZUTATEN

70 g Buchweizen

125 g Wasser

250 g Pflanzendrink

1 Banane in Scheiben

1 EL Erdnussbutter

½ TL Zimt

1 EL Ahornsirup

Beeren nach Wahl

CREMIGER BUCHWEIZEN-PORRIDGE

ZUBEREITUNG
15 MINUTEN

PORTIONEN
1

ZUBEREITUNG

1. **Am Vorabend:** Den Buchweizen zusammen mit dem Wasser in einen luftdichten Behälter geben und über Nacht im Kühlschrank lagern.

2. **Am nächsten Morgen:** Den Buchweizen samt Restwasser (falls nicht vollständig aufgesaugt) in einen Topf geben und köcheln, bis das Wasser verkocht ist.

3. Alle restlichen Zutaten hinzugeben und für etwa 10 Minuten köcheln lassen.

4. Mit frischen Beeren anrichten und genießen.

Schneller Kichererbsensalat

Salat mit gerösteten Kichererbsen - falls du das nicht versucht hast, kommt jetzt endlich deine Chance! Denn Kichererbsen geröstet sind einfach der Knaller!

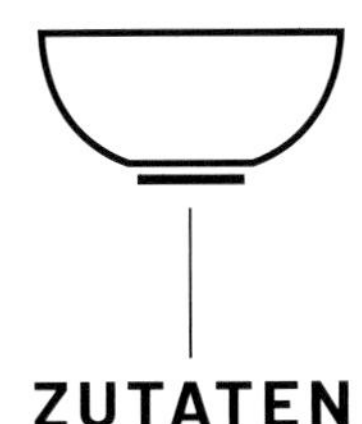

ZUTATEN

1 Handvoll Eisbergsalat

1 kleine Handvoll Rucola

Etwa 8-10 Oliven, entsteint

½ Dose Kichererbsen

½ Frühlingszwiebel

1 TL Paprikapulver

1 TL Sojasoße

1 TL Ahornsirup

3 EL Öl + mehr

2 EL Essig

Salz und Pfeffer

SCHNELLER KICHERERBSENSALAT

ZUBEREITUNG
10 MINUTEN

PORTIONEN
1

ZUBEREITUNG

1. Den Salat sowie den Rucola waschen, abtropfen und schneiden. Mit den Oliven in eine Schüssel geben. Mit Essig, Öl und Salz anmachen.
2. Beiseitestellen.
3. Die Kichererbsen abwaschen und abtropfen. In einer Pfanne mit etwas Öl scharf anbraten.
4. Die Hitze reduzieren und das Paprikapulver darüber geben.
5. Mit der Sojasoße und dem Ahornsirup ablöschen, nochmals durchschwenken und über den Salat geben.
6. Die Frühlingszwiebel in Ringe schneiden und den Salat damit garnieren.

Guten Appetit.

Grüne Pesto-Pasta

Heute bekommt das Pesto vom Montag seinen zweiten glorreichen Auftritt!

ZUTATEN

Pesto vom Montag

150 g Nudeln nach Wahl

GRÜNE PESTO-PASTA

ZUBEREITUNG	PORTIONEN
10 MINUTEN	1

ZUBEREITUNG

1. Nudeln nach Packungsanweisung kochen.

2. Nudelwasser abgießen und Nudeln in eine Schüssel geben. Pesto darüber und gut umrühren.

Guten Appetit.

SUCCESS IS A DECISION

TAG 12

FRÜHSTÜCK

Cremige Overnight Oats

MITTAGESSEN

Herzerwärmender 3-Bohnen-Eintopf

ABENDESSEN

Chimichurri Sweet Potato Fries

Cremige Overnight Oats

Das Herrliche an Overnight Oats: Der Kühlschrank macht alles,
du musst nur den Löffel holen.

ZUTATEN

70 g Haferflocken

2 EL Chia-Samen

1 EL Ahornsirup

½ TL Zimt

200 g Pflanzendrink nach Wahl

TOPPING

1 Banane

Frische Beeren

1 EL Nussmus oder

Marmelade nach Wahl

CREMIGE OVERNIGHT OATS

ZUBEREITUNG
5 MINUTEN

PORTIONEN
1

ZUBEREITUNG

1. Alle Zutaten für die Oats am Vorabend in einen luftdichten Behälter geben. Kurz umrühren und in den Kühlschrank stellen.

2. Am nächsten Morgen in eine Schüssel geben und mit Toppings servieren.

Guten Appetit.

Herzerwärmender 3-Bohnen-Eintopf

Soll ich dir etwas verraten?
Hast du gewusst, dass ein Eintopf nach ein paar Tagen noch besser schmeckt?
Alle Aromen können sich viel besser miteinander verbinden. Deshalb muss man sogar manche Eintöpfe schon 5 Tage vorher zubereiten.

Stone washed
pure linen.

ZUTATEN

Bohneneintopf von Tag 8

optional etwas Wasser

HERZERWÄRMENDER 3-BOHNEN-EINTOPF

ZUBEREITUNG	PORTIONEN
5 MINUTEN	1

ZUBEREITUNG

1. Einfach in einem Topf kurz aufwärmen. Optional mit etwas Wasser verdünnen.

2. Einfach genießen.

Chimichurri Loaded Sweet Potato Fries

Chimichurri kommt aus dem Argentinischen und ist eine Soße, die perfekt zu gegrillten oder gerösteten Speisen passt. Ich hab sie letzen Sommer zum ersten Mal versucht und liebe sie seitdem sehr! Nun hab ich sie hier für dich.

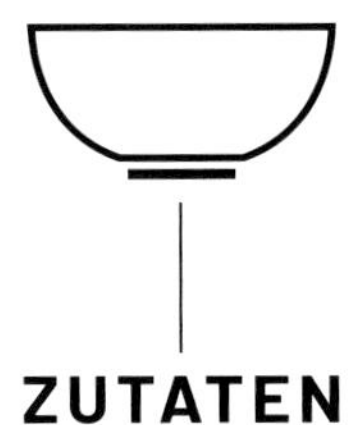

ZUTATEN

FÜR DIE SWEET POTATO FRIES

1 Süßkartoffel

Olivenöl

FÜR DAS CHIMICHURRI

½ Bund Petersilie

1 EL gehackten Schnittlauch

1 Knoblauchzehen

5 EL Olivenöl

CHIMICHURRI LOADED SWEET POTATO FRIES

ZUBEREITUNG	PORTIONEN
25 MINUTEN	1

ZUBEREITUNG

1. Den Ofen auf 250 °C vorheizen. Die Süßkartoffel waschen und in Streifen schneiden. Auf ein Backblech legen, mit Olivenöl beträufeln und etwas salzen.

2. Für etwa 20 Minuten backen.

3. In der Zwischenzeit die Petersilie fein hacken und in eine Schüssel geben. Den Schnittlauch und das Olivenöl dazu geben.

4. Den Knoblauch schälen, fein hacken oder pressen. Ebenfalls dazugeben und gut verrühren.

5. Sobald die Süßkartoffel-Pommes fertig sind, auf einen Teller geben und mit dem Chimichurri anrichten.

Guten Appetit.

STEP BY STEP, DAY BY DAY

TAG 13

Das Frühstück am Vorabend vorbereiten

FRÜHSTÜCK

French Toast mit veganem Joghurt und Beeren

MITTAGESSEN

Kartoffelpüree-Mini-Bratlinge

ABENDESSEN

Rainbow-Bowl mit gebratenen Polentasticks und Hummus

French Toast mit veganem Joghurt und Beeren

Heute gibt es French Toast in einfach, schnell und vegan!
Kleiner Tipp: Lässt sich auch super für mehrere Personen zubereiten.

ZUTATEN

2 Scheiben Brot

250 g Pflanzendrink nach Wahl

3 EL Ahornsirup

½ TL Zimt

1 Banane

2-3 EL veganer Quark

Frische Beeren

1 TL Kokosöl

FRENCH TOAST MIT VEGANEM JOGHURT UND BEEREN

ZUBEREITUNG
15 MINUTEN

PORTIONEN
1

ZUBEREITUNG

1. Das Brot toasten.

2. In der Zwischenzeit in einer mittelgroßen Schüssel den Pflanzendrink, den Ahornsirup und den Zimt miteinander verquirlen.

3. Beide Scheiben für etwa 1 Minute in die Pflanzendrinkmischung legen. Dann umdrehen und das Brot die Mischung kurz aufsaugen lassen.

4. In einer Pfanne etwas Kokosöl erhitzen und beide Scheiben darin beidseitig anbraten.

5. Auf einen Teller geben, mit den Bananenscheiben, dem veganem Quark und den frischen Beeren anrichten und genießen.

Kartoffelpüree-Mini-Bratlinge

Diese kleinen Bratlinge sind eindeutig das Beste, das du mit restlichem Kartoffelpüree zaubern kannst. Wir packen noch ein wenig veganen Käse in die Mitte - richtig herrlich!

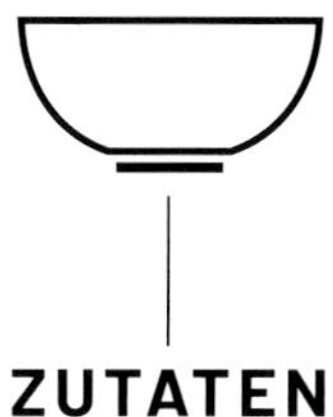

ZUTATEN

Kartoffelpüree von Tag 10

2 Scheiben veganer Käse

50 - 70 g Mehl (ich verwende immer Dinkel Typ 630 - alternativ glutenfreies Universalmehl)

Schnittlauch, gehackt

Olivenöl zum Anbraten

Salz

MARIES TIPP

Ich finde die Bratlinge so genial, dass ich keinen Dip dazu brauche. Wenn du möchtest, kannst du sie aber mit veganem Joghurt genießen. Diesen kannst du auch mit Schnittlauch und Kräutersalz verfeinern. Das passt auch wunderbar dazu!

KARTOFFELPÜREE-MINI-BRATLINGE

ZUBEREITUNG
10 MINUTEN

PORTIONEN
1

ZUBEREITUNG

1. Das Kartoffelpüree in eine Schüssel geben. Den veganen Käse in kleine Würfel schneiden und dazugeben.

2. Den Schnittlauch und das Mehl unterrühren. Je nachdem, wie weich oder fest dein Kartoffelpüree von Tag 10 ist, brauchst du mehr oder weniger Mehl.

3. Mit den Händen eine homogene Masse formen und bei Bedarf etwas mehr Mehl dazugeben.

4. Die Pfannkuchen formen und in einer Pfanne mit Öl anbraten.

5. Direkt servieren und genießen.

Rainbow-Bowl mit gebratenen Polentasticks und Hummus

Back to the Rainbow! Heute Abend strahlen wieder alle Farben auf dem Teller. Das kann doch nur ein toller Tag sein, oder nicht? Hummus machen wir selbstverständlich noch einmal frisch. Du kannst ihn auch zu anderen Gerichten dazu essen. Eine Portion davon brauchen wir für das Mittagessen an Tag 14 - das wird grandios!

ZUTATEN

FÜR DIE POLENTA

200 ml Wasser

70 g Polenta

1 TL Gemüsebrühepulver

Etwas Öl

FÜR DAS HUMMUS

1 Dose Kichererbsen (420 g)

5 EL Tahin (Sesammus)

50 g Sonnenblumenöl

75 g Zitronensaft

2 Knoblauchzehen, geschält

FÜR DEN SALAT

⅓ kleiner Eisbergsalat

1 Tomate

1 Karotte

⅓ kleiner Rettich

3 EL Olivenöl

2 EL Essig

Salz

RAINBOW-BOWL MIT GEBRATENEN POLENTASTICKS UND HUMMUS

ZUBEREITUNG
20 MINUTEN

PORTIONEN
1

ZUBEREITUNG

1. **Für die Polenta:** In einem kleinen Topf das Wasser mit Gemüsebrühepulver zum kochen bringen und die Polenta einrühren. Unter Rühren köcheln lassen, bis sie eindickt. Das ganze in eine rechteckige Form, oder Dose geben und 15 Minuten auskühlen lassen.

2. In der Zwischenzeit das Hummus zubereiten. Hierfür die Kichererbsen waschen und abtropfen lassen. Zusammen mit den restlichen Zutaten im Mixer oder mit dem Stabmixer zu einer homogenen Masse verarbeiten. Die Hälfte hiervon in einem luftdichtem Behälter im Kühlschrank aufbewahren. Den Rest beiseite stellen.

3. Das Gemüse für den Salat waschen. Die Karotte mit einem Sparschäler in streifen schälen und in deine Bowl geben.

4. Die Tomate würfeln und ebenfalls dazu geben.

5. Den Salat in kleine Stücke schneiden und in einer Schüssel mit Olivenöl, Essig und etwas Salz anmachen. Dann in die Bowl geben. Rettich raspeln und ebenfalls dazugeben.

6. Nun Öl in einer Pfanne erhitzen. Polenta in etwa 2-3 cm breite Streifen schneiden und von beiden Seiten anbraten. Auf die Bowl geben und mit Hummus servieren.

Guten Appetit.

YOU CAN CREATE THE LIFE YOU WANT

TAG 14

FRÜHSTÜCK

Vegane Müsli-Quark-Bowl

MITTAGESSEN

Der beste Toast mit Hummus und gerösteten Tomaten

ABENDESSEN

Veganer Feta und Weiße-Bohnen-Salat

Vegane Müsli-Quark-Bowl

Herrlich, cremig, einfach – so darf doch jeder Tag starten!

ZUTATEN

5 EL Müsli nach Wahl

150 g veganer Quark (z. B. von Alnatura oder SimplyV)

1 Banane

Frische Beeren nach Wahl

OPTIONAL

1 EL Marmelade

VEGANE MÜSLI-QUARK-BOWL

ZUBEREITUNG
5 MINUTEN

PORTIONEN
1

ZUBEREITUNG

1. Das Müsli in eine Schüssel geben. Mit dem Quark toppen.

2. Die Banane schneiden, das Obst waschen und darüber geben.

3. Mit einem Klecks Marmelade anrichten und genießen.

Der beste Toast mit Hummus und gerösteten Tomaten

Heute bekommt unser Hummus einen erneuten Auftritt!
Auf einem leckeren Toastie mit gerösteten Tomaten. Herrlich!

TOAST MIT HUMMUS UND GERÖSTETEN TOMATEN

ZUBEREITUNG
10 MINUTEN

PORTIONEN
1

ZUTATEN

1 Scheibe Brot

Vorbereiteter Hummus von Tag 13

150 g Cherrytomaten

Salz

Olivenöl

1 Knoblauchzehe

ZUBEREITUNG

1. Den Grill des Ofens einschalten. Den Toast auftoasten.

2. Die Tomaten waschen, abtupfen und in eine kleine Auflaufform geben. Mit Olivenöl beträufeln und für etwa 10 Minuten unter den Grill stellen.

3. Den Knoblauch schälen und mit der Zehe großzügig den Toast einreiben. Dann den Hummus darauf verteilen.

4. Mit den gerösteten Tomaten toppen, etwas Salz darüber geben und genießen.

Veganer Feta und Weiße-Bohnen-Salat

Dieser Salat ist ein echter Gamechanger!
Ich hab ihn schon so oft auf die Schnelle gezaubert.
Die Bohnen sorgen für extra Proteine, dadurch hält er richtig lange satt.
Genial, oder?

ZUTATEN

1 Dose weiße, gekochte Bohnen

⅓ Gurke

½ rote Paprika

5-8 schwarze, entsteinte Oliven

½ Block veganer Feta

1 Bund frischer Basilikum

3 EL Olivenöl

2 EL Essig

Salz und Pfeffer

OPTIONAL

1 EL Kapern

VEGANER FETA UND WEISSE-BOHNEN-SALAT

ZUBEREITUNG
10 MINUTEN

PORTIONEN
1

ZUBEREITUNG

1. Die Bohnen abgießen und abwaschen. Den Feta würfeln.
2. Die Gurke und die Paprika waschen und fein würfeln.
3. Alles in eine Schüssel geben. Die Kapern sowie die Oliven darüber geben.
4. Den Basilikum waschen, in der Hand bündeln und mittels einer Schere über den Salat schneiden.
5. Mit dem Essig, dem Öl anmachen und mit Salz und Pfeffer abschmecken.
6. Lass es dir schmecken und einen wunderschönen Feierabend dir!

Guten Appetit.

BE SCARED AND DO IT ANYWAY

SOULEWAY

MARIES DANKSAGUNG

Ein einfaches „Dankeschön" würde das Gefühl der Dankbarkeit, welches ich für die folgenden Personen empfinde, nicht einmal annähernd ausdrücken können. Und trotzdem beschreibt es sehr direkt, was ich sagen möchte.

Denn in erster Linie möchte ich Dimitrios Megas für sein Vertrauen und seine Vision in mich als Person danken.
Er hatte den Grundgedanken für dieses Projekt gelegt und zusammen mit seinem Geschäftspartner Constantino Mertzanidis haben wir dieses Projekt als Trio gestartet. Ich fühle mich geehrt, dass wir dies hier gemeinsam machen durften.

Genau so sehr danke ich Simone und Cyrus vom HÄRTER Verlag. Ohne euch hätte sich dieses Projekt wohl nicht in den Print getraut. Doch eure Euphorie hat mich angesteckt und es war ein prickelndes Erlebnis, dieses Projekt mit euch in eine Printausgabe zu verwandeln. Ich danke euch ebenso für euren Einsatz, eure Mühen und vor allem aber euer Vertrauen in mich.

Ein großes Dankeschön geht ebenfalls an Stina Spiegelberg, Lena Soukup und Anja Hermes raus. Wie schön, dass ihr an meiner Seite seid. Nicht nur als die Powerfrauen die ihr seid, sondern in erster Linie als enge Freundinnen. Ihr habt mein Buch perfekt eingerahmt und ich freue mich wie ein kleines Kind an Weihnachten, dass eure Zeilen den Beginn und den Schluss meines ersten Werkes bilden.

Zudem danke ich meiner Mama: Du hast mir immer gezeigt, wie viel Liebe in selbstgekochtem Essen stecken kann. Dass deine Lasagne alle Wunden heilt und es nichts besseres gibt, als Zeit mit den Menschen zu verbringen, die einem wichtig sind. Und dass man Menschen am einfachsten um einen gedeckten Tisch versammeln kann. Meinen absoluten Respekt, dass du nie aufgehört hast so leckeres Essen zu zaubern, auch wenn ich so viele Unverträglichkeiten als Kind gehabt hatte. Ich kann mir vorstellen, dass das nicht einfach war. Aber du hast mir gezeigt, dass Kochen immer einfach ist und sehr viel Spaß macht und ich bin überaus dankbar, damit aufgewachsen zu sein.

Danke an meine zwei süßen Kinder, die so gerne mit mir gemeinsam kochen, von allem probieren wollen und manchmal von Rezepten naschen, bevor ich überhaupt ein Foto machen konnte. Danke, dass ihr beim Essen immer ganz vorne mit dabei seid und mit mir auf kulinarische Abenteuer geht. Ihr inspiriert mich auf eine Weise, wie es nur Kinderherzen tun können und ich bin einfach dankbar, das mit euch erleben zu dürfen.

Und ein unglaubliches Danke an meine Oma, die schon in den 90ern ihr Geld mit dem leckersten schwäbischen Essen der Welt verdient hat.
Selbstständig mit einer Gaststätte, als komplette Vorreiterin ihrer Zeit, hat sie das beste Essen gekocht, das sich ein Enkel nur wünschen kann. Oma, du warst die erste Köchin der Familie und hast mich nachhaltig und bereits in meinen jungen Jahren sehr inspiriert. Ich werde dich immer im Herzen tragen.

Und vor allem möchte ihr DIR und der ganzen @therawberry Community danken. Ihr seid unfassbar fantastisch!

Ihr habt meiner Vision einen Raum gegeben, habt @therawberry gefeiert und seid der größte Cheerleader! Jeder einzelne von euch! Ich feiere euch SO sehr! Danke, dass ihr Spaß und Freude an meinen Rezepten findet und sie mit all euren Liebsten teilt. Ihr könnt euch kaum vorstellen, wie unfassbar glücklich mich das macht.

Vielen, vielen Dank.

Eure Marie

Anja Krystina Hermes

© Janna Mehr

Warum und seit wann ernährst du dich vegan?
Es war ein heißer Sommertag im Jahr 2015. Mein Mann und ich saßen bei meiner Schwägerin und ihrem damaligen Freund und sie kochten für uns ein veganes Essen. Sie ernährten sich in diesem Monat komplett vegan und ich war richtig begeistert von der Fülle an Lebensmitteln und den neuen Geschmäckern.
Ich entschied gemeinsam mit meinem Mann diese 30 Tages Challenge auszuprobieren und was soll ich sagen?

Heute, 9 Jahre später, sind wir immer noch an diesem „veganen Food Trend" hängengeblieben. 😉

Je mehr ich mich über die Massentierhaltung, die Abholzung der Wälder und all die Krankheiten, die Essen auslösen kann, informierte, desto mehr bestärkte es mich, die richtige Entscheidung getroffen zu haben, mich vegan zu ernähren.

Heute nehme ich mein Essen viel bewusster wahr und bin sehr happy, dass auch unser Hund Rudy das vegane Essen liebt.

Was findest du besonders toll an Marie und ihrem Konzept?
Marie ist für mich der Inbegriff von Vielfalt bei veganem Essen. Kein Verzicht und purer Genuss. Egal ob süße Leckereien oder herzhafte Currys und Suppen. Ich durfte schon sehr oft in den Genuss von Maries Kochkünsten kommen und koche und backe regelmäßig ihre Rezepte nach. Ich liebe an Maries Konzept, dass es wirklich einfach umzusetzen ist. Mit Zutaten, die du in jedem normalen Supermarkt bekommst. Kein Schnick-Schnack und unnötige Zusatzstoffe.

Anja Krystina Hermes ist Gründerin des nationalen Frauennetzwerks FEMboss, Serienunternehmerin und hilft Frauen dabei, ihr Business profitabel aufzubauen.

Instagram: @femboss_official und @anjakrystina_
Website: www.femboss.org

Lena Soukup

©Christina Hohner

Warum und seit wann lebst du vegan?
Seit 2016 lebe ich zu 90% vegan. Ein bewusstes und gesundes Leben ist eine Entscheidung und für mich das größte Geschenk, das wir uns selbst machen können. Der erste Grund ist also Selbstliebe. Der zweite ist die Übernahme von Verantwortung, nicht nur für mich selbst, sondern auch für unsere Umwelt und unser Umfeld. Beides in Kombination schafft eine Grundlage für Zufriedenheit und Wohlbefinden, die das Leben schöner machen.

Was findest du besonders toll an Marie und ihrem Konzept?
Marie lebt ihr Leben aus dem Herzen, und genau das macht sie sehr besonders.
Alles, was sie tut, geschieht mit Liebe, und das überträgt sich.
Ich liebe ihre Rezepte: simpel, smart und bombastisch lecker. Kochen ist nicht meine Stärke, aber es ist Maries, und deshalb lasse ich mich liebend gern von ihren Rezepten leiten. Sie vermittelt mir das Gefühl, dass auch ich gut für mich sorgen kann und das auch noch in überschaubarer Zeit und mit einem so leckeren Ergebnis. Das ist fantastisch.

Lena Soukup ist Geschäftsführerin von hiryze, der Plattform für mentale Fitness und begleitet als Coach Menschen in persönlichen Veränderungsprozessen.

Instagram: @lena.soukup und @hiryze_official
Website: www.hiryze.de

I FEEL
GOOD